麦肯锡
教你做人力资源管理

McKinsey &
Human Resources
Management

罗塞尔◎著

天津出版传媒集团

天津科学技术出版社

图书在版编目（CIP）数据

麦肯锡教你做人力资源管理 / 罗塞尔著. -- 天津：天津科学技术出版社，2019.5（2022.3重印）

ISBN 978-7-5576-6139-7

Ⅰ. ①麦… Ⅱ. ①罗… Ⅲ. ①人力资源管理 Ⅳ. ①F243

中国版本图书馆CIP数据核字(2019)第042255号

麦肯锡教你做人力资源管理

MAIKENXI JIAONI ZUO RENLIZIYUAN GUANLI

责任编辑：方　艳

出　　版：	天津出版传媒集团 天津科学技术出版社
地　　址：	天津市西康路35号
邮　　编：	300051
电　　话：	(022) 23332695
网　　址：	www.tjkjcbs.com.cn
发　　行：	新华书店经销
印　　刷：	衡水翔利印刷有限公司

开本 880×1230　1/32　印张 7　字数 110 000

2022年3月第1版第2次印刷

定价：42.00元

前言

用好领导力资本，让公司人尽其才

抓好人力资源管理，企业才能用对人、做对事，全面协调可持续发展。如果团队的生产效率高、运营状态好，就可以帮管理者省下很多心力。但是，无数管理者都会抱怨自己的精力和时间太有限，很多员工管不过来，很多工作来不及处理。显然，他们在人力资源管理上遇到了瓶颈。

麦肯锡把管理者的时间和精力定义为"领导力资本"。如何用有限的领导力资本提高团队的生产效率，是困扰广大管理者的重要难题。在全世界享有盛名的麦肯锡咨询公司，有一套成熟而高效的人力资源管理方法，帮助众多客户解决了这个难题。

在麦肯锡看来，人力资源管理瓶颈的本质是"领导者不足"。由于员工普遍缺乏找出问题解决方案的领导能力，管理者不得不花费更多精力去指导他们解决问题。如此一来，管理者在重要工作上投入的领导力资本就会随之减少，从而影响整体的工作效率。

麦肯锡在招聘环节中的选才标准独树一帜。大部分企业看中的是应聘者入职时的能力，而麦肯锡更关注员工的成长潜力。因为，麦肯锡要培养的是"未来的领导人才"。为了更好地实现这个人力资源管理目标，麦肯锡在公司内部推行角色扮演式培训法，并将这种培训方法推广给自己的客户公司。

为了把管理者的领导力资本用在刀刃上，麦肯锡把员工分为顶尖员工、老员工、平均水准的员工等几大类型。这些员工的能力特点、成长潜力以及在团队中发挥的作用各不相同，需要管理者采取差异化的方式进行管理。只有对症下药，员工才会拥戴领导，积极工作，释放更多的潜力。

成功的人力资源管理不仅要充分激发每位员工的潜力，还得打造一支能征善战的高效团队。麦肯锡专家为客户提供管理咨询服务时，会对其团队成员进行分类，确定每位员工在团队中扮演的角色。管理者可以根据每种角色的特性来精准地投入领导力资本，达到人尽其才的用人境界。此外，麦肯锡还为提升团队协作效率设计了一系列的方案，能够帮助客户公司增加每一位团队成员的产出效能，促成团队整体的良性发展。

本书主要为广大急需改变粗放型管理模式的中小企业，以及准备向跨国公司转型的大企业而作。本书不仅讲述了具有麦肯锡特色的人力资源管理理念，还针对客户（企业）最流于形式的员工培训问题、最头痛的员工管理问题、最迫切的团队效能提升问题等人力资源管理难点提出了相应的对策。

目录 ▼

第一章

学习麦肯锡的用人之道,这些选才标准要记牢

关于"优秀人才"的正确定义 // 002

案例面试真正考察的内容是什么 // 007

迷信个人天分,不如脚踏实地 // 011

客观看待偏向型人才与模范生型人才 // 015

如何规范人才管理的四大流程 // 019

第二章

做好员工职业发展规划,打造未来的领导人才

入职时的能力不如成长潜力重要 // 026

不要把上司的判断当作唯一的依据 // 030

人人都要有领导力,不可依赖明星领袖 // 034

要想成为未来的领导者,先得做好四项任务 // 039

五位一体的麦肯锡式领导能力学习法 // 044

第三章

角色扮演式培训法，培养解决问题的领导能力

角色扮演式培训法的五个价值 // 050

根据日常工作场景设计训练内容 // 056

怎样锻炼准备升为部门经理的员工 // 061

高层管理者应该接受的相关训练 // 065

在国际化团队中积累跨文化管理经验 // 069

第四章

适时提拔骨干人才，避免顶尖员工流失

顶尖员工留不住，优秀人才不会来 // 074

培养顶尖员工的3个窍门 // 078

不可牺牲骨干人才的发展潜力 // 082

人事调动应该考虑员工成长曲线 // 087

平衡顶尖员工和其他高水准员工的利益 // 091

第五章

激发老员工的潜在战斗力，减少人才资源浪费

老员工是被忽视的潜在战斗力　// 096

企业弃置老员工，团队士气必受挫　// 100

纠正对老员工的偏见，避免人才浪费　// 104

宁肯"严厉的关怀"，不可"不抱期待"　// 109

及时为老员工的成长提供反馈意见　// 113

保护未升职老员工的工作积极性　// 117

第六章

管理平均水准的员工，提高效率是重中之重

增加成果和指导部下同等重要　// 122

细化时间管理，提高工作效率　// 127

加强任务目标规划，以量化工作为本　// 132

做好业务区分，简省不必要的工作　// 137

减少因员工休假造成的团队效率损耗　// 142

鼓励技能经验交流，形成高效工作指南　// 147

第七章
甄别团队成员类型，用对人才能做对事

模范者：驱动团队前进的发动机 // 152

高成本生产者：在完成任务的同时制造麻烦 // 156

乘客：贡献成果与消耗成本不相称 // 160

减损者：降低团队效率，增加管理成本 // 165

如何管理团队中的八种角色 // 169

第八章
麦肯锡团队协作法，增加每个人的产出效能

注意区分四种团队管理情境 // 178

领导力资本：管理者最宝贵的稀缺资源 // 183

计算领导者的投入和团队成员的产出 // 187

提高生产效率的思路和基本方法 // 193

以麦肯锡式会议促进团队沟通 // 199

怎样与你的团队成员共同完成计划 // 206

后 记 // 211

第一章

学习麦肯锡的用人之道，这些选才标准要记牢

人力资源管理以选拔人才为先。大多企业喜欢采用案例面试的方式来招聘，更看重天分出众的高学历模范生型人才。但麦肯锡对这些人才招聘的常规标准有不同的看法。作为管理咨询公司，麦肯锡对"优秀人才"的认识也跟一般企业不同。如果能听一听麦肯锡专家关于人才选拔的经验教训，再对比一下公司当前的人才管理流程，不足之处将变得一目了然，解决思路也将随之明朗。

关于"优秀人才"的正确定义

◎ 管理现状调查

您的公司在人力资源管理方面是否存在以下现象？如果有的话，请在（　）里打"√"。每空1分，总分最高5分，最低0分。得分越高，说明您的公司在人力资源管理上存在的问题越多；反之，则说明您的公司管理水平较高。

（　）	1. 公司高层认为没有重点大学学历的员工不可能是优秀人才
（　）	2. 公司高层认为只有行业经验丰富、各大公司争抢的人才是优秀人才
（　）	3. 公司高层认为猎头公司推荐榜上排名靠前的人才是优秀人才
（　）	4. 公司高层认为商业伙伴推荐的人一定是优秀人才
（　）	5. 公司高层认为专业性强且八面玲珑的人才是优秀人才
问题诊断	这些辨别"优秀人才"的标准过于片面，并没有从综合素质和成长潜力的角度去评价一个人。可能会让公司招到徒有虚名的人

◎ 优秀人才的标准

每家企业都希望招到优秀人才,可是什么样的人才是优秀人才呢?对这个问题的认识,将直接影响整个人力资源管理工作。有趣的是,管理者们在实际工作中能分辨出哪些员工出色,哪些员工无法令人满意,却很难制定一个放之四海而皆准的标准来衡量优秀人才。

以重视教育著称的日本,在国家级人才培养计划中提出了一个叫"社会人的基础能力"的概念,里面包括了3种能力,且细分出12种能力要素。具体内容如下:

1. **前进的能力**

即面对失败也能勇往直前的能力。可细分为以下3个能力要素:

(1)主体性。即推动事物前进的能力。

(2)激励的能力。即激励他人共同前进的能力。

(3)执行力。即设定目标并坚决执行的能力。

2. **思考的能力**

即提出疑问并进行思考的能力。可细分为以下3个能力要素:

(1)发现问题的能力。即对事情的现状进行分析,明确目的与问题关键的能力。

（2）计划力。即明确解决问题的过程并且为此进行准备的能力。

（3）创造力。即创造新价值的能力。

3. 在团队中工作的能力

即与各种各样的人齐心协力实现目标的能力。可细分为以下6个能力要素：

（1）传达力。即通俗易懂地传达自身意见的能力。

（2）倾听力。即认真倾听对方意见的能力。

（3）灵活性。即理解不同意见和不同立场的能力。

（4）状况把握力。即理解自己与周围的人和事之间关联的能力。

（5）规律性。即遵守社会规则与他人约定的能力。

（6）抗压力。即抵抗压力的能力。

这个社会人的基础能力模型设置得比较完备。按照日本当局的观念，拥有这12种能力要素的人就是优秀人才。不过，曾经担任麦肯锡日本分公司首位专职人力资源部长的伊贺泰代先生认为这个模型有个重要缺陷——没有提到领导能力。

伊贺泰代曾经在麦肯锡公司做了12年人力资源管理工作，面试过来自世界各国的应聘者。他发现欧美国家和日本对"优秀人才"的定义有不少差异。比如,日本企业对拥有专业知识的人评价很高,但不太喜欢聘用博士。而包括麦肯锡在内的欧美企业则倾向于优先聘用具有博士学位的领导型人才。

他认为造成这种局面的一个原因是,日本推崇的是专业知识丰富且头脑聪明的人,而不太重视领导能力。另一个原因是,日本的优秀人才更喜欢单打独斗,而欧美的优秀人才更重视团队协作。

在麦肯锡公司,领导能力是至关重要的。麦肯锡的员工不仅要善于找出问题的解决方案,还要利用领导力来组织各方力量,帮助自己最终解决问题。这对我们重新审视"优秀人才"的衡量标准有很大的启迪意义。

麦肯锡人力资源管理经验

保罗·弗里嘉 → 前麦肯锡管理咨询顾问、美国北卡罗来纳大学商学院副教授

麦肯锡对招聘新人十分挑剔。如果不是这样,那么它也就不是麦肯锡了。正如在自己的使命中所宣称的那样,麦肯锡努力"吸引、培养、鼓舞、激励和留住杰出人才",并说到做到。在麦肯锡,招聘工作由合伙人亲自负

责，且有若干全职专家和巨额预算支持。公司通过网罗全球顶级商学院的高才生来实施自己的战略，并且随着时间的推移，逐步扩大到其他学院、学科或行业的佼佼者。

案例面试真正考察的内容是什么

◎ 管理现状调查

您的公司在人力资源管理方面是否存在以下现象？如果有的话，请在（　）里打"√"。每空1分，总分最高5分，最低0分。得分越高，说明您的公司在人力资源管理上存在的问题越多；反之，则说明您的公司管理水平较高。

（　）	1. 公司使用的案例面试题是直接从网上摘抄的
（　）	2. 公司使用的案例面试题跟实际业务毫无关联
（　）	3. 公司使用的案例面试题库几年都没有更新
（　）	4. 面试官录取的往往是能说出案例面试题标准答案的应聘者
（　）	5. 面试官没有根据岗位需要选择不同类型的案例面试题
问题诊断	只是照搬案例面试的招聘形式，没有根据实际需求来设计面试题，而且也没搞清楚案例面试法的真正用意

◎ 谁说案例面试都是套路

每个参加过面试的朋友,应该都查阅过不少关于面试官可能询问的问题。其中,以实际工作场景为模板的案例面试环节,让应聘者颇费脑筋。在他们看来,案例面试考察的是自己处理问题的实际应变能力。只要能给面试官留下一个好印象,录取就不成问题。

刚毕业不久的职场菜鸟,在各方面经验不足,办事技巧也不娴熟。但他们恰恰最不喜欢别人认为自己缺乏能力。而工作多年的职场老鸟,事前对用人单位的具体情况了解不多,也担心自己在案例面试中没有出色的表现。无论是哪种应聘者,都默认案例面试肯定有一个标准答案。

很多人都在背诵从互联网上搜到的各种题库,务求把自己修炼成百问不倒的"优秀人才",赢得面试官的青睐。如果他们得知麦肯锡往往会录取那些在案例面试中回答得不理想的人,免不了要大吃一惊。

你没看错,麦肯锡公司确实会这么做。比如,后来成为麦肯锡资深面试官的伊贺泰代当年就觉得自己在案例面试中表现得不太好。他还发现不少麦肯锡顾问在面试时并没有狂背题库,在案例面试环节看起来也没什么特别出彩的表现。这是什么缘故呢?

◎ 麦肯锡式案例面试真正的考察内容

一般的公司确实多以题库中的题目来考察应聘者，回答得越接近标准答案，应聘者就越有希望被录取。麦肯锡的官方网站会公开案例面试的例题和流程，让应聘者做参考。但这并不意味着麦肯锡的案例面试能采用同样的考察思路。

按照题库进行精心准备，未必会达到好的效果。因为麦肯锡不追求标准答案，真正考察的是两个问题：

（1）你平时是否有思考问题的习惯？
（2）你的思维模式是怎样的？

麦肯锡公司的员工大多是管理顾问，负责为客户所在的公司解决管理问题。题库里写到的只是麦肯锡管理顾问已经解决了的问题。应聘者快速回答出标准答案，只能说明他们对例题记得很熟，不足以说明他们思考能力出众。而面试官真正感兴趣的是应聘者是否热爱思考，希望看到这个思考过程。

事前没有准备，从零开始分析问题，再提出对策，这是麦肯锡管理顾问每天都在进行的工作。那些自认为表现不佳却被录取的应聘者，也许没有提出靠谱的解决方案。但他们在面试过程中充分展示了自己的思考能力，被面试官判断为具有成长潜力的人才，最终被录用。

总之，我们在组织案例面试时，完全可以借鉴麦肯锡的思路，把考察重点从标准答案放到应聘者的思维能力上。这能让公司多找到一些青涩但潜力很大的好苗子，少录用一些只是表面上能说会道的花架子。

麦肯锡人力资源管理经验

保罗·弗里嘉 → 前麦肯锡管理咨询顾问、美国北卡罗来纳大学商学院副教授

麦肯锡的招聘流程，包括在面试时进行大量细致的案例分析。应聘者在面试过程中至少要会见8名咨询顾问，每名咨询顾问都会提出一个不同的案例让应聘者解决。麦肯锡的目标是深入考察每位应聘者的思想，评估其分析能力和人际交往能力，确定他们是否合适。总之，要想通过麦肯锡的严格招聘程序，最好的策略就是具备优秀的学业记录，展现出领导力和创造性，同时，能够系统化处理问题并将问题进行细分，从而在案例分析面试中胜出。

迷信个人天分，不如脚踏实地

◎ 管理现状调查

您的公司在人力资源管理方面是否存在以下现象？如果有的话，请在（ ）里打"√"。每空1分，总分最高5分，最低0分。得分越高，说明您的公司在人力资源管理上存在的问题越多；反之，则说明您的公司管理水平较高。

（ ）	1. 面试官更青睐那些在应聘过程中展示才艺的人，却没认真考察其专业能力
（ ）	2. 面试官会录用那些看起来说话头头是道的人，却没认真考察其专业能力
（ ）	3. 面试官会录用看起来很聪明的人，却没有考虑其是否符合用人岗位的需要
（ ）	4. 公司招聘的看起来天分很好的新员工迟迟无法融入公司
（ ）	5. 公司招聘的看起来天分很好的新员工没多久就辞职了
问题诊断	只看一个人的天分高低，却没有注意其能力特点和工作作风是否与公司岗位相匹配，结果精心挑选的"聪明人"未能填补公司的人才缺口

◎ 为什么麦肯锡不喜欢迷信有天分的"聪明人"

每家公司都想招到天赋异禀的聪明人。于是,很多应聘者在面试时拼命炫耀才艺,以证明自己很有天分。假如你是面试官,是否会录用他们呢?反正麦肯锡的面试官通常不会录用这样的人。

当然,麦肯锡并不讨厌有天分的聪明人。毕竟,一个脑袋好使的员工远比一个愚笨迟钝的员工好用。可是那些过于迷信天分的恃才傲物者,基本上会被排除在录用名单之外。因为麦肯锡的面试官很清楚这些"聪明人"做不好管理顾问的工作。

管理顾问的主要工作是帮客户(企业经营者)改善经营管理中存在的问题。虽然遇到的疑难杂症多种多样,但工作方式万变不离其宗。基本工作步骤如下:

1. 咨询相关情况

你首先要让客户相信你不是会向竞争对手出卖情报的商业间谍。如果没有良好的沟通能力,对方不会听你的意见,也不愿跟你说实话。如果缺少足够的包容力和真诚之心,对方可能会碍于面子而不肯吐露真实情况。但这两点恰恰是迷信个人天分的"聪明人"所不具备的。

"聪明人"自以为卓尔不群,很难放下身段,用平等的姿态跟客户对话。他们的高傲不会赢得对方的信赖，只会让对方感觉自己被冒犯。客户不愿意沟通，"聪明人"连需要解决什么问题都问不出来，更谈不上解决问题了。

2. 找出解决问题的方法

"聪明人"也许能凭天分找出问题。但"找出问题"和"解决问题"是两码事。即使你知道怎么做，依然需要获得多种支持来执行解决方案。这时候需要的不仅是敏锐的洞察力和准确的判断力，还需要百折不挠的韧劲、不惧失败的乐观精神、从积极角度思考问题的能力、组织协调能力和领导能力。

这些帮助你解决问题的能力，大多与"天分"没什么关系。脚踏实地的员工经过后天训练，也能具备这些通往成功的能力。"聪明人"在洞察力、判断力等方面通常比较出色，但他们往往孤芳自赏，自恃天分高就单打独斗，不善于借助团队的力量来克服困难，反倒不容易养成其他的重要能力。

3. 最终解决问题

迷信天分的"聪明人"在前两个阶段就会步履维艰，根本到不了第三个阶段。他们虽然头脑较好，但不是最终解决问题的人。最终解决问题的人无论是天资聪颖，还是中等才智，都有脚踏实地的作风和深入研究问题的专注。这些品质恰恰是迷信天分者身上最缺的东西。故而麦肯锡的用人理念是录用那些加以训练就能具备问题解决能力的人，而不把天分高低作为第一位的考虑因素。

> **麦肯锡人力资源管理经验**
>
> **伊贺泰代** → 前麦肯锡日本分公司首位专职人力资源部长
>
> 那些迷信个人天分,又对此深信不疑的应聘者,在面试时会拼命地向面试官展示自己是如何如何的聪明。这些应聘者会滔滔不绝、不厌其烦地陈述自己过去的工作成绩有多么辉煌、自己又是多么优秀,却完全没有意识到面前的面试官到底是怎么看待自己的。可以设想一下:身为客户的经营者会认为一个不断强调自己如何优秀的人是值得信赖的咨询对象吗?会想对这个人敞开心扉透露自己公司的机密,分享自己在经营上的苦恼吗?会相信这个人是能和组织中的对立面达成共识,率先大刀阔斧进行改革的伙伴吗?

客观看待偏向型人才与模范生型人才

◎ **管理现状调查**

您的公司在人力资源管理方面是否存在以下现象？如果有的话，请在（ ）里打"√"。每空1分，总分最高5分，最低0分。得分越高，说明您的公司在人力资源管理上存在的问题越多；反之，则说明您的公司管理水平较高。

（ ）	1. 公司宣称只招高校的模范生
（ ）	2. 面试官只看应聘者在学校是否是模范生，而不考虑对方是否真的符合岗位需要
（ ）	3. 公司招聘广告宣称只要样样精通的模范生型人才，不要偏向型人才
（ ）	4. 公司给模范生型人才太多照顾，却冷落同期入职的偏向型人才
（ ）	5. 管理者总是把好机会给模范生型人才，而不考虑偏向型人才是否更加胜任
问题诊断	这是一种很常见的用人偏见。尺有所短，寸有所长。模范生型人才若是使用不当，效果还不如用偏向型人才。管理者应该学会把不同能力特点的员工组合成一个完美的团队，而不是苛求每个员工都变成无所不能的全才

◎ 不要忽视偏向型人才的优点

按照麦肯锡的理念，人才可以分为模范生型人才和偏向型人才。顾名思义，前者在各项指标上都有较高的得分，在学生时代就被学校视为佼佼者；后者指的是各方面能力不平衡，某些能力很强，但另一些能力平庸甚至弱于常人的人才。

麦肯锡的面试官会给每位应聘者做测试，从洞察力、行动力、沟通力、分析力和交涉力等方面考察应聘者的才能。应聘者只要某项能力非常突出，就算其他方面较弱，依然是值得录用的偏向型人才。

大部分公司都倾向于招聘能力出众、素质全面的模范生型人才，麦肯锡也不例外。但麦肯锡专家同时认为，只招模范生型人才是人力资源管理的误区。

这是为什么呢？原因很简单。模范生型人才看似样样都会，没有短板，但反过来说也没有特别突出的地方。麦肯锡招募的偏向型人才，必然在自己擅长的领域有一手独到的绝活。在特别需要发挥专向能力的情景中，偏向型人才比模范生型人才更容易有出色的表现。

◎ 如何使用偏向型人才

假设一位模范生型人才的五项能力都是90分,偏向型人才除了沟通能力100分外,其他四项能力都只有80分。毫无疑问,能力更加均衡的模范生型人才会显得多才多艺。

眼下有个难度系数85分的客户拜访任务,目标是观察客户的态度,考验的是洞察力。模范生型人才的能力超过了任务难度,可以轻松解决问题。而偏向型人才的洞察力不足以完成任务,肯定会铩羽而归。

现在换一个难度系数95分的客户拜访任务,目标是说服暴跳如雷的客户接受我们的方案,考验的是沟通能力。这时候,我们不难发现,模范生型人才虽然每项能力都很优秀,但都不足以克服困难,能力再全面也毫无用武之地。沟通能力100分的偏向型人才,则可以轻松地解决问题,其他方面的能力短板并不影响任务的完成。

当然,让一个偏向型人才单打独斗,肯定会处处碰壁。他们的能力毕竟存在短板,而且并不是每个任务都会让他们刚好遇到自己的擅长点。

但是,管理者在这时候应该施展高超的用人艺术,把长处各异的偏向型人才组合在一起。如此一来,每个单项能力极其突出的偏向型人才，都会把队友的短板恰到好处地补上。这样的团队只要保持亲密无间、齐心协力的合作精神，就能无往不利。他们的战斗力要比一群由互相不服气的模范生型人才组成的团队强得多。

因此，麦肯锡录用的人才，更多的是特点十分鲜明的偏向型人才，较少有面面俱到的模范生型人才。当然，那些各方面都出类拔萃的模范生型人才，也是不会漏掉的。

麦肯锡人力资源管理经验

伊贺泰代 → 前麦肯锡日本分公司首位专职人力资源部长

事实上，无论是麦肯锡的哪家分公司，都积极寻求和录用具有博士学位，或曾经从事研究的人才，因为他们不但具备假设构建能力，而且他们当中的许多人都是偏向型人才。所以，麦肯锡需要的人才，并不是"什么都会的优秀人才"。我们录用的可能是能力很极端，而且很不平衡的人。

如何规范人才管理的四大流程

◎ **管理现状调查**

您的公司在人力资源管理方面是否存在以下现象？如果有的话，请在括号里打"√"。每空1分，总分最高5分，最低0分。得分越高，说明您的公司在人力资源管理上存在的问题越多；反之，则说明您的公司管理水平较高。

( )	1. 公司的招聘流程不规范，只是临时安排员工负责
( )	2. 公司对员工发展计划不重视，只是分派工作，却不考虑员工的成长
( )	3. 公司缺乏有序的继任计划，老员工一离职就让业务停摆
( )	4. 公司对员工的职业发展方向漠不关心，不能合理地安排职务
( )	5. 公司的人力资源管理缺乏战略指导，只是头痛医头、脚痛医脚
问题诊断	公司高层还处于凭经验管理员工的层次，不重视人力资源管理制度建设，不肯为此投入精力和资源

◎ 人才管理的四大流程

当你拥有挑选团队成员的权力时，人才管理自动成为你的重要使命。人力资源是为工作项目服务的。你必须根据项目的具体要求来挑选人才。既可以从内部招聘，也可以从外部招聘。一旦你做出了招聘的决定，人才管理就越规范，越有利于开展后续工作。下面讲解下人才管理的四大流程及其工作要点。

流程一：招聘

我们在前面介绍了麦肯锡公司的各种挑选人才的标准，都是为招聘环节服务的。除了上述经验外，你在考察应聘者时要重点关注这几个方面：

- ◆ 能力类型
- ◆ 性格作风
- ◆ 以往成绩
- ◆ 发展意愿
- ◆ 跟同事的关系
- ◆ 跟领导的关系
- ◆ 工作努力程度
- ◆ 工作专注程度

其中，评估应聘者的能力类型和以往成绩，有助于判断他们是否匹配你的岗位需求。你要招聘的不是业内的No.1，而是最适应岗位需求的人才。这将提高你组建团队的效率，避免大材小用或水土不服式的用人错误。

此外，弄清应聘者与其原领导的关系很重要。因为你可以从中掌握他们最适应什么样的领导风格，还能判断出应聘者可能成为何种团队角色。如果你不希望自己将来后悔招入一个团队的麻烦制造者，请在这个问题上保持审慎态度。

流程二：发展计划

员工发展计划是许多公司缺乏的东西。他们招聘人才只是为了完成任务，对人才管理的其他流程并不上心。麦肯锡的人力资源管理理念不能容忍这种粗暴的做法。在麦肯锡公司，管理者需要给每个团队成员设定一个明确的发展目标，帮助他们发扬强项、弥补短板。

通过制订员工发展计划，你可以有针对性地指导和培训每个团队成员，为他们提供成长的机会。每个员工按照清晰的发展计划来努力，能少走弯路，少做无用功，提高效率，输出更多优质成果。这同时也是整个团队不断进步的过程。

无论是什么类型的员工，只要他们没有到无可救药、只能解聘的地步，管理者就应该为其制订发展计划。这也是领导表达对员工重视的好机会。也许有不少员工懒得前进，懒得进化成优秀人才，但是他们内心深处并不希望自己被组织闲置，得不到领导的重视。规范员工发展计划，对巩固团队内部的凝聚力有很大的好处。

流程三：继任计划

由于种种原因，公司内部总会出现岗位空缺。若是不能立即填补这些岗位空缺，相关项目就会停滞，影响公司的发展规划。因此，继任计划也是人才管理不可或缺的基本流程。

遗憾的是，管理者一般不会提前考虑继任计划，只顾着完成工作任务，也疏于关注员工的心理问题。直到相关岗位的员工离职，导致工作难以继续进行下去，才会把寻找岗位继任者当成一回事。

公司人力资源部门从人才市场上搜索新的替代者，往往需要一定的时间，且未必能招聘到合适的人选。而岗位空缺留下的工作，会给留在团队中的人增加负担。这些情况都会造成项目进展受阻、工期延长、开支增加等问题。

为了缩短寻找替代者的时间，减少员工离岗对项目进程的负面影响，麦肯锡提倡早做继任计划。管理者在平时就要注意考察各个团队成员，评估主要岗位的要求，挑选有继任者资质的人才。这等于是预先准备一个替代者储备库。万一候选继任者因故先离开你的团队，你就再找其他人，甚至可以考虑其他部门的新星。

总之，继任计划一方面要缩短寻找岗位替代者的时间，另一方面要确保替代者的能力足以填补岗位空缺。唯有如此，团队才能保持更高的稳定性和产出效率。

流程四：职业方向

大多数员工都想知道自己未来的职业走向，渴望获得成长机会。假如你的团队无法满足这种需求，他们就会选择离开。反之，他们就会留下来。因此，你的团队必然会出现人员流动。只不过可能是员工主动离职，也可能是员工被公司高层调整到其他岗位或者提拔为和你一样的管理者。

这是人才管理的常态，但不是每个管理者都能坦然面对。有的管理者生怕自己亲手培养的人才给其他部门作嫁衣，所以不愿给手下的员工指明未来的职业方向。此举扼杀了不少员工的潜力，也导致员工对团队缺乏归属感。

麦肯锡要求管理者把关于职业方向的讨论纳入日常工作中。你要让你的团队成员明白以下几件事：

（1）他们在这一年当中做的工作，对公司有多少贡献。

（2）你认为他们可以达到什么样的位置。

（3）你期望他们在今后表现出什么样的水平。

（4）评估他们在职业发展下一阶段需要掌握的能力。

管理者要把团队成员们的职业道路规划好，把精力专注于督促他们为下一步职业发展做好准备。务实的职业规划与坚决的执行，会让他们不断成长，从而为你带来一支能征善战的团队。

麦肯锡人力资源管理经验

艾森·拉塞尔 → 前麦肯锡公司咨询顾问

麦肯锡遵循严格、正规的招聘程序，由咨询顾问和专业人士组成专职团队，负责针对每个目标学校制订详细的招聘计划，列出具体的任务清单及预算，精心确定候选人并经常与之沟通。但不是所有的公司都需要像麦肯锡那样在招聘方面投入大量的精力和资源。它们可能不像麦肯锡那样每年招那么多人，也可能不需要那么多的世界顶级人才。但毋庸置疑的是，雇员是每个组织的重要组成部分，因而，你应该好好思考自己的招聘策略。在这方面，你可以向麦肯锡学习关键经验，不是招聘要多么正式，而是要重视实现规划并保持招聘流程的完整性。

第二章

做好员工职业发展规划，打造未来的领导人才

能完美符合公司一切要求的人才，可以说是万中无一。按照麦肯锡的理念，员工入职时能力存在短板不要紧，关键是具有良好的成长潜力。他们存在的不足，可以通过培训和锻炼来逐步完善。如果本身缺乏成长潜力，就很容易遇到发展瓶颈。麦肯锡提倡把新员工培养成"未来的领导人才"。麦肯锡专家对新员工的职业生涯规划，恰恰以深入开发其领导能力为宗旨。

入职时的能力不如成长潜力重要

◎ 管理现状调查

您的公司在人力资源管理方面是否存在以下现象？如果有的话，请在（　）里打"√"。每空1分，总分最高5分，最低0分。得分越高，说明您的公司在人力资源管理上存在的问题越多；反之，则说明您的公司管理水平较高。

（　）	1. 公司只招收拥有丰富工作经验的应聘者，坚决不收没有相关经验的人
（　）	2. 公司懒得为新员工安排培训，只是让他们自己去看去学
（　）	3. 有些刚入职时被看好的员工，后来却表现得不怎么样
（　）	4. 有些刚入职时不被看好的员工，后来却做出了令人惊喜的成绩
（　）	5. 被面试官筛掉的潜在人才，成为竞争对手公司中的新星
问题诊断	很多管理者只想着找个现成的优秀人才来用，缺乏建设人才梯队的意识，完全不懂得如何判断新员工的成长潜力

◎ 麦肯锡理念：员工的成长潜力更重要

麦肯锡公司的应聘者大多是三十出头的人。他们此前已有多年的工作经历，可能换过几家单位。离职的主要原因是在原单位遇到了成长瓶颈，希望获得更好的发展空间。麦肯锡作为全球首屈一指的管理咨询公司，完全可以满足求职者的这个需求。因为其员工发展计划以培养未来的领导人才为目标，充分挖掘每个入职者的成长潜力，正是其强项。

毋庸置疑，麦肯锡的面试官会录用很多能力出众的人。但是，有些目前能力一般的应聘者，只要表现出不俗的成长潜力，同样可能被录用。另一些应聘者在几年前就已经意识到了发展瓶颈，却拖到现在才考虑跳槽。他们的能力再强，也难以被麦肯锡录用。

按照麦肯锡的理念，员工入职时的能力不如成长潜力重要。成长潜力的一个重要考量因素，就是有没有挑战精神。

那些明知自己遇到瓶颈却依然继续待几年的人，骨子里只想做轻车熟路的工作，而不肯挑战新目标。从绩效考核结果来看，他们往往很优秀。但这更多是因为他们只做自己有胜算的任务。麦肯锡希望不断激发每个员工的潜力。这种不愿接受挑战的人，缺乏足够的上进心，已经停止了成长。即使刚入职时是行业内的佼佼者，时间一长也会被不断进步的潜力股型人才超越。

既然如此，何不从一开始就启用那些初期能力平平的潜力股呢？潜力股们敢于接手超出自己能力范围的任务，工作压力会催促他们茁壮成长。管理者只需在必要时予以指导和鞭策，就能让他们逐步成为公司的栋梁。

◎ 最核心的成长潜力

除了挑战精神外，一个人最核心的成长潜力源于其思考力。由于工作性质的缘故，麦肯锡极其重视思考力。新员工缺乏经验和技能不要紧，这些都可以通过培训来解决。若是缺乏思考力，就算其他能力再强，也进不了麦肯锡的大门。

麦肯锡定义的思考力包含以下三个元素：

1. 思考技巧

即人们最关心的科学思维方法。思考技巧可以靠后天学习来掌握，所以麦肯锡不苛求每个新员工在入职前就精通思考技巧。

2. 思考意愿

所谓思考意愿，指的是一遇到问题就会积极开动脑筋的意愿，也就是俗称的"爱动脑"。拥有强烈思考意愿的人，会被麦肯锡视为成长潜力不俗的潜力股。而缺乏这种意愿的人，将失去成长的可能性，所以不被麦肯锡看好。

3. 思考体力

所谓思考体力，指的是拥有完成长时间艰苦思考的身体素质。思考问题是一件非常消耗能量的事情。缺乏思考体力的人，还没找出答案就已经头昏脑涨，难以继续工作。

在思考力三元素中，思考意愿是由人的性格和价值观决定的，反映出这个人是否具备上进心。思考技巧和思考体力则可以通过训练来改善。总之，管理者可以通过以上三个元素来考察新员工的思考力水平，进而对其成长潜力做出比较准确的判断。

麦肯锡人力资源管理经验

保罗·弗里嘉 → 前麦肯锡管理咨询顾问、美国北卡罗来纳大学商学院副教授

个人经验，无论是具体某个行业、某项技术还是某类问题的经验，一直是麦肯锡招聘职员的一项重要标准。在特定情况下，这种偏好是必要的。你可能需要有人能马上把工作开展起来。而团队可能没有时间从头了解某个行业。麦肯锡重视从业经验，并以此为依据精心挑选应聘者。然而，麦肯锡同样珍视一个人的潜力，且大多数情况下，它更偏好天生的智力而非从业经验。麦肯锡确信，一个人可以学会如何系统化解决问题，如何收集某个公司或行业的信息，如何阐明自己的见解，但要让某个人更聪明几乎是不可能的。因此，公司致力于网罗有潜力的聪明人才，并对他们进行培训。

不要把上司的判断当作唯一的依据

◎ 管理现状调查

您的公司在人力资源管理方面是否存在以下现象？如果有的话，请在（ ）里打"√"。每空1分，总分最高5分，最低0分。得分越高，说明您的公司在人力资源管理上存在的问题越多；反之，则说明您的公司管理水平较高。

（ ）	1. 公司上下都由老板一个人拿主意
（ ）	2. 部门团队负责人有"一言堂"作风
（ ）	3. 管理者做事不唯实只唯上，上司让怎么做就怎么做
（ ）	4. 团队成员放弃了自主思考，只等着领导给个具体指示
（ ）	5. 当上司出现错误时，员工不能试着用委婉的方式指出错误，而是照单执行
问题诊断	管理者的领导风格偏专断，没给员工留下思考的余地。员工也懒得动脑筋，不实事求是

◎ 训练领导力,从不唯上开始

麦肯锡把自己精心挑选的每一位员工都视为"未来的领导人才"。新员工从一开始就会接受大量关于领导力的训练。因为这里的人都坚信三个理念:

(1)任何场合都需要领导力。

(2)领导力是可以通过学习获得的。

(3)头衔与领导力无关,发挥出领导能力的人才会得到对应的头衔。

有的人发现问题时会思考"谁负责解决这个问题",而另一种人无论解决这个问题是由谁来负责,都会思考"这样做能否解决问题",并试着提出来。后者就是麦肯锡定义的具有领导力的人,其成长潜力会得到更高的评价。

不过,大多数员工属于前一种类型。他们觉得自己没有领导的头衔,天生不适合当领导,认为"解决这个问题是领导的责任",自己只要办好领导交代的事情就行了。这类员工骨子里不愿意变成具有领导力的人,也不相信领导力可以学成,把上司的判断当成唯一的依据。无论他们的工作能力多强,都无法成为"未来的领导人才"。

在团队中,真正发挥领导力的人,不一定是有头衔的那个人,也可能是尚无头衔的普通员工。管理者平时就该留心观察,哪些员工试着提出"这样做能否解决问题",哪些员工只是依赖上司的判断。把具有领导力的人找出来,该提拔的提拔,该培养的培养。

◎ 培养适应分散型决策系统的"潜在领导者"

麦肯锡之所以高度重视对员工的领导力的培养,是因为分散型决策系统迫切需要这样的人才。

所谓分散型决策系统,指的是由多个区域决策中心共同构成的扁平化的决策系统。决策一般由区域决策中心自主决定,最高层更多只是提供指导和支持。而传统的决策系统是集中型决策系统,由公司最高层做出指示,各层级由上而下地执行指示。

集中型决策系统只需要顶端的少数人发挥领导力即可,员工更需要的是执行力,而不是领导力。而在分散型决策系统中,员工有较大的自主决定权,领导力和执行力同样重要。这就需要大量具有领导力的人才来推动工作,否则,分散型决策系统就会变成一盘散沙或一盘死棋。

如今的市场愈加复杂多变,需要快速灵活的决策机制。分散型决策系统将成为越来越多企业的选择。这是一个大趋势。如果不多多培养"不把上司的判断当成唯一依据"的人才,就无法支撑起组织的正常运转,从而可能导致在未来的市场竞争中一败涂地。

> **麦肯锡人力资源管理经验**
>
> **艾森·拉塞尔** → 前麦肯锡公司咨询顾问
>
> 对大多数人来说,这种逻辑缜密的系统化思维方式并非是与生俱来的,需要通过后天的学习来掌握。遗憾的是,大部分大学的课程都不涉及这方面的内容,也很少有公司有条件、有意愿对员工进行这种技能培训。麦肯锡等几家战略咨询公司纯属例外。甚至,美国商界一些最负盛誉的企业,也未必重视用系统化方法来解决问题。在任何地方,无论是大型企业,还是新兴公司,甚至在非政府机构和政府这样的非营利组织,麦肯锡人都能够利用系统化思维方式为这些组织增值。

人人都要有领导力，不可依赖明星领袖

◎ 管理现状调查

您的公司在人力资源管理方面是否存在以下现象？如果有的话，请在（ ）里打"√"。每空1分，总分最高5分，最低0分。得分越高，说明您的公司在人力资源管理上存在的问题越多；反之，则说明您的公司管理水平较高。

（ ）	1. 公司过于依赖一个杰出的领导人主持工作，如果他不在，事情就会变得混乱
（ ）	2. 公司高层认为除了个别明星领袖外，其他人都可有可无
（ ）	3. 公司高层盲目相信明星领袖的任何意见，容不下合理的质疑声音
（ ）	4. 公司高层把什么重要工作都安排给明星领袖，不肯放手让其他员工去做
（ ）	5. 公司高层认为靠招聘就能解决一切问题，没打算从员工中培养后备领导人
问题诊断	公司管理层毫无人才梯队建设意识，不懂得挖掘员工的成长潜力。这导致公司业务过于依赖个别明星领袖，而其他员工却得不到应有的成长机会

◎ 明星领袖的团队运转方式

如果一位管理者既有出众的组织调度能力，又富有人格魅力，就会成为明星领袖。明星领袖率领的团队，工作效率往往会更高。由于决策权高度集中于明星领袖，不会陷入漫长的争论扯皮。追随者不需要太多主见，辅佐者也只是根据明星领袖的要求来搜集和整理情报，故而能确保很高的执行力。

明星领袖团队的运作方式包括以下四个环节：

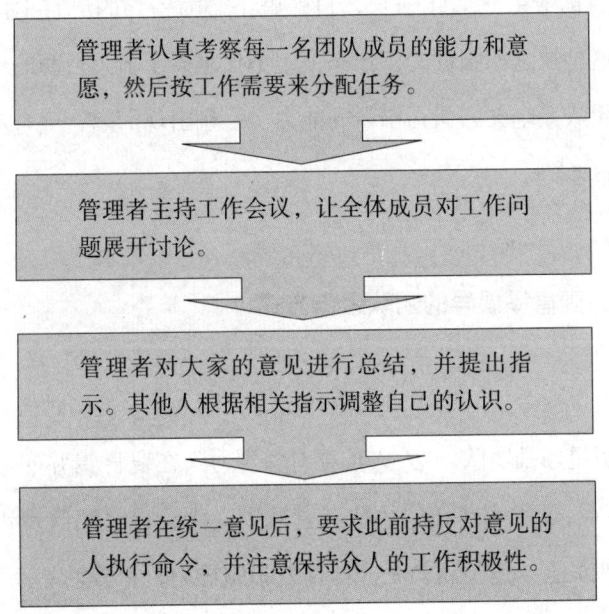

在这种团队运作模式下，员工（特别是新入职的员工）都会放弃培养自己的领导能力，满足于做一个优秀的追随者。

他们一方面会认为"只要紧紧跟在明星领袖身后就万事大吉了"，另一方面又觉得"发挥领导力不是我的责任，我只要做好自己手头的工作就行了"。

当明星领袖出现决策失误的时候，其手下的员工也只是盲目地执行命令，而不会据理力争。因为在他们内心深处，认定自己不可能比明星领袖做得更好。

说到底，追随者们害怕承担责任，把决定权和责任都推到了明星领袖身上。如此一来，自己就不必为错误的决定承担责任了。这种缺乏积极性的工作态度，不仅阻碍了员工自身的成长，还让团队完全失去纠正错误的能力。一旦出现问题，十有八九是严重后果。

◎ 麦肯锡倡导的团队运作方式

麦肯锡希望能培养出大量杰出的领导人才，但同时极力避免形成明星领袖团队。"人人都要有领导力"在麦肯锡并非空洞的口号，而是实实在在的团队运营原则。无论你是团队负责人、骨干老员工，还是新员工，都要发扬领导力，积极思考解决问题的办法。

麦肯锡倡导的运作方式包括以下四个环节：

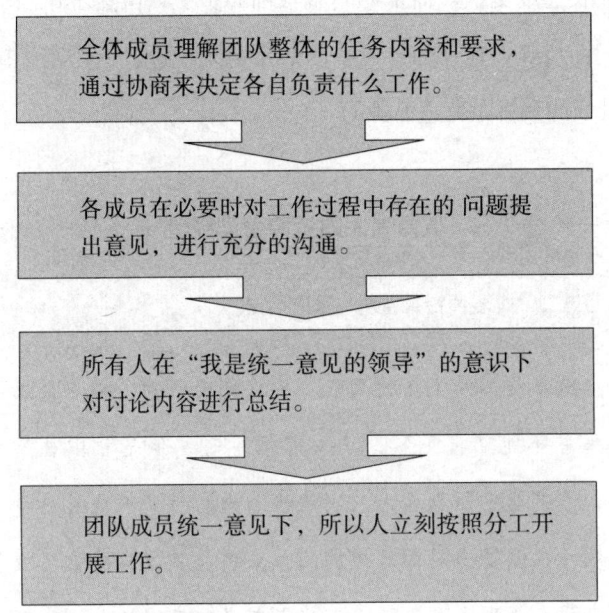

全体成员理解团队整体的任务内容和要求，通过协商来决定各自负责什么工作。

各成员在必要时对工作过程中存在的问题提出意见，进行充分的沟通。

所有人在"我是统一意见的领导"的意识下对讨论内容进行总结。

团队成员统一意见下，所以人立刻按照分工开展工作。

这种团队工作方式的决策权相对分散，在讨论过程中难免会出现比较严重的分歧。单看决策效率，不如明星领袖团队。但是，由于每个人都积极思考提升团队整体效能和凝聚力的办法，所以工作积极性更高，工作质量也更好。

每当遇到问题时，明星领袖团队更多的是由明星领袖来拿主意，其他人并没有积极贡献力量。而信奉"人人都要有领导力"的团队，更容易通过集思广益来迅速找到突破口，最终的生产效率高于明星领袖团队。

在这样的氛围下，新员工能充分培养领导力和解决问题的能力，成长速度更快。而依赖明星领袖的员工，虽然工作经验会随着时间而增长，但在领导力方面必定毫无长进。这与麦肯锡员工发展计划的宗旨是背道而驰的。

麦肯锡人力资源管理经验

赤羽雄二 → 麦肯锡韩国分公司创始人

培养员工是上司的责任。或许您会认为"栽培员工的效果并不能立竿见影，这太麻烦了"，但是从中长期考虑，这将是有百利而无一害的事。通过员工的成长进步，团队可以创造出更加辉煌的工作业绩。其次，在员工成长起来后，管理者可以放心地将以前必须亲力亲为的事情交给员工去执行，管理者自己也将轻松不少。且能有足够的时间和精力开始着手推进型的工作项目。栽培员工的关键在于唤醒员工本人内心里"我想要进步""我也想试着做一下"的欲望。

要想成为未来的领导者,先得做好四项任务

◎ **管理现状调查**

您的公司在人力资源管理方面是否存在以下现象?如果有的话,请在( )里打"√"。每空1分,总分最高5分,最低0分。得分越高,说明您的公司在人力资源管理上存在的问题越多;反之,则说明您的公司管理水平较高。

( )	1. 管理者制定的发展目标过高,团队根本无法完成
( )	2. 管理者制定的发展目标需要很多资源,但公司根本无法提供这些资源
( )	3. 管理者制定的发展目标相互矛盾,让员工无所适从
( )	4. 管理者制定的发展目标缺乏详细的规划,让员工不知道怎么执行
( )	5. 管理者制定的发展目标没有战略连贯性,经常变来变去
问题诊断	无论是已经在岗的管理者,还是未来可能成为管理者的普通员工,首先要弄清楚自己需要做好哪些工作

◎ 领导者的四项任务

表现突出的员工，很可能会被公司提拔为领导者。在上升渠道畅通的企业，这种事情发生得更快。公司高层认为这是对重要人才的栽培，但被提拔的员工未必能适应新岗位。许多没有完成角色转变的员工，升职后反而让人大失所望。他们知道如何做一个让领导器重的得力干将，却不懂得该怎样做领导。麦肯锡专家认为，领导该做的事并不复杂，主要有以下四项任务。

1. 设置目标

为团队设置目标是领导者的首要任务。团队没有明确的目标时，员工们就不知道自己在为什么而努力。尚未熟悉管理工作的人常会犯下面这5个错误：

（1）制定的目标不清晰、不具体。

（2）目标分解不合理，根本无法执行。

（3）只顾定量目标而轻视定性目标。

（4）授权处置不当，执行目标的员工缺乏足够的权限去完成任务。

（5）只看考核目标完成结果，却忽视对工作过程的管理。

如果你想成为未来的领导者，就必须学会设置一个能鼓舞员工的目标。从你还没成为领导者时，就开始思考这个问题，在升职后才能胸有成竹。

2. 充当表率

麦肯锡看好那些勇于承担艰巨任务的新员工。因为他们身上有做领导的重要潜质——身先士卒。有的新员工很聪明也颇有能力，但做事时过于斤斤计较，只挑轻松而有好处的活干。可是，企业有很多重大项目本身要面临较大的风险，没有勇做表率的精神，就无法担任这些项目的负责人。

领导者需要承担团队中最大的压力，对结果负最大的责任。只有自己面对困难不退缩，才能感召团队成员们齐心协力去克服困难，带领大家走向成功。不敢身先士卒，只是躲在他人身后等胜利，这样的员工永远无法成为真正的领导者。

3. 做出决断

做决断不是一件轻松的事，需要清醒的判断力与强大的抗压能力。毫不夸张地说，前怕狼后怕虎的优秀老员工，还不如敢想敢干的新员工有当领导的潜质。领导者不必在业务能力上超过所有的部下，因为他们不是分析问题的人，也不是讨论问题的人，而是集思广益后做出决定的人。

很多时候，领导者既没有足够的情报，也缺乏反复讨论的时间。在这种情况下，领导者必须根据有限的信息做出决定，承担决策失误的风险。那些只有在万事俱备时才敢下决心的人，并不适合成为领导。如果你想成为未来的领导者，就要好好磨炼自己的决策能力。不要因为自己人微言轻，就只是一味地等待他人做决定。

4. 传达信息

团队中的各个成员往往会形成三五成群的小圈子，小圈子之间的相互沟通比较少。领导者的一个主要任务就是把信息传达给所有的团队成员，促进各方的沟通交流。你要学会把公司的战略意图深入浅出地解释给其他人听，让大家知道公司想做什么、怎么做。同时还要搜集下级的意见，及时向上级汇报，让高层随时掌握基层的情况。

由于团队成员的性格、能力、经历和价值观各异，所以在很多问题上不容易达成共识。领导者需要居中协调，让每个人畅所欲言，同时注意化解沟通过程中引发的冲突。如果你希望部下们做什么事，就开诚布公地与他们进行沟通，通过协商来达成共识。当你还不是领导者时，可以在团队会议中扮演好传达信息的角色，协助自己的上司协调工作。这将使你成为团队内部沟通的关键人物，越来越具有领导相。

麦肯锡人力资源管理经验

赤羽雄二 → 麦肯锡韩国分公司创始人

领导既不是讨论的人也不是分析的人,而是做决定的人。当然,拥有优秀的分析能力和思考能力,对做出更好的判断有很大的帮助。但在这个世界上,有很多人即使拥有优秀的分析能力和思考能力,也无法做出任何决定。还有的人迟迟无法做出决定,以"情报不足无法判断"为借口,总是不停地讨论、开会。这样的人,都没有领导能力。领导的工作不是整理过去的情报,而是做出面向未来的决定,所以经常需要在情报不足的情况下做决定。如果以"情报不足,稍后再做决定"为借口,那么永远也无法做出决定。

五位一体的麦肯锡式领导能力学习法

◎ 管理现状调查

您的公司在人力资源管理方面是否存在以下现象？如果有的话，请在（ ）里打"√"。每空1分，总分最高5分，最低0分。得分越高，说明您的公司在人力资源管理上存在的问题越多；反之，则说明您的公司管理水平较高。

（ ）	1. 公司并不会从员工中培养和提拔管理者
（ ）	2. 公司的管理岗位如果有空缺，会从外面招一个空降干部过来
（ ）	3. 公司基本上不给员工提供管理技能培训，只是让老员工帮忙带一带
（ ）	4. 公司不认为员工有必要培养领导能力，只要求执行和服从
（ ）	5. 公司希望员工能成长为未来的领导者，但锻炼方式是安排超出其能力范围的工作
问题诊断	有些公司害怕自己辛辛苦苦培养的员工跳槽到别处，白白为他人作嫁衣，于是干脆不投入培训资源。有些公司以为复杂繁重的工作可以逼出员工的潜力，从而忽视工作安排的合理性与不同员工的资质差异

◎ 麦肯锡式领导力学习法

怎样才能让员工更加系统有序地练成领导能力呢？麦肯锡式领导能力学习法就是针对这个问题设计的。它主要包括以下五方面内容：

1. 以创造价值为宗旨

"创造价值"是麦肯锡要求每个员工铭刻在心的观念。按照麦肯锡的理论，增加个人或团队业绩、在会议中做出有益的发言、获取对公司很重要的情报、从情报中分析出重要结果都属于"创造价值"。

管理者有必要时常提醒手下的员工，让他们好好想想"我现在的工作究竟创造了多少价值"。因为员工们很容易去做一些"超出必要的努力"，以致降低了效率和工作质量。如果脑中时刻记住"创造价值"这句话，就能减少无意义的工作。

2. 明确自己的意见是什么

大多数公司只让新员工做一些资料整理之类的杂活，并不会要求他们思考问题、提供意见。麦肯锡则不然，管理者会时不时地问新员工怎么看待某个问题，得出了什么结论。如果无法回答这种提问，即使你准备了大量的资料数据，也会被认为是"没有创造价值"。

麦肯锡要求每个人都明确自己的意见。不要只描述过程细节，关键在于给出你的判断结论。这实际上是在锻炼新员工的判断力和决策力。两者都是领导能力的重要组成部分。一个连自己的意见都讲不清楚的人，根本不具备成为领导者的潜质。

3. 做自己的领导

一般的企业采取的是金字塔结构的组织形态。麦肯锡公司比较特殊，采取的是放射状的组织形态。每一名麦肯锡管理顾问都不是麦肯锡合伙人和资深管理专家的下属，经理也不负责指挥他们工作。

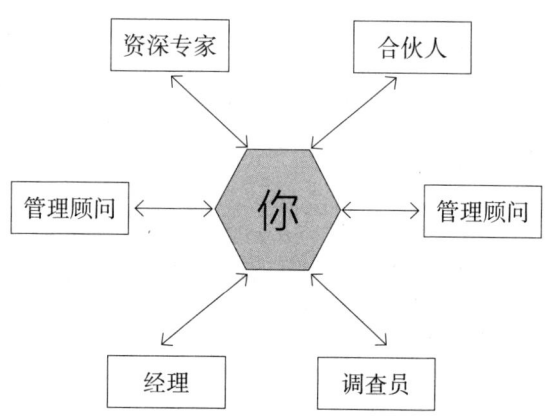

由上图可知，麦肯锡团队的运作方式是——做自己的领导！每一个管理顾问都以自己为项目中心，充分借助麦肯锡合伙人、资深管理专家、经理、调查员以及其他管理顾问的力量来完成自

己的任务。这主要是通过会议形式完成的。

4. 组织会议的领导能力

会议的领导能力是麦肯锡式领导能力学习法的训练重点。你在邀请众人开会之前,应该注意区分三种事:

(1)需要大家一起讨论的事。

(2)需要委托给特定成员的事。

(3)需要最终决定的事。

在会前把这些事情整理出来,开会时更容易实现每个目标。你还应该再关心一下每个出席会议的成员各有什么要达成的目标,他们希望在会议上讨论何事或者决定何事,对此进行妥善安排。当你把这些事情做得条理分明时,就已经养成了不错的会议领导能力,学会了如何借助众人之力来成就自己的构想。

5. 找出自己的领导风格

随着你的领导能力越来越成熟,确定领导风格的事就该提上日程了。优秀的领导者千人千面,各有各的为人处事作风。铁腕型领导者说一不二、雷厉风行,专注做事,但不太讲人情味。奉行人性化管理观念的领导者平易近人,注重维护团队成员的人际关系,做人优先于做事。

每种领导风格都有自己的长处和短处。新员工应该根据自身特点,选择一个适合自己的榜样来学习。从说话、做事、为人等方面不断完善自己,最终形成自己的领导风格。当你完成这项任务时,你将真正进化为一名特点鲜明的领导人才,得到组织更多的器重。

麦肯锡人力资源管理经验

伊贺泰代 → 前麦肯锡日本分公司首位专职人力资源部长

尽管公司需要的是能够作为全球化领导发挥能力的人才,但这并不意味着所有人都要在录用的时候就达到这样的高度。有的应聘者可能从来没出过国,还有的曾经在保守的组织里长期工作。绝大多数人都是在入职后的几个月内受到极大的文化冲击,然后通过教育和训练,才掌握领导能力的。即使在比日本更重视领导能力的美国,大家一开始也只是把领导能力作为更有利于大学入学考试和应聘的一种技巧。但当人们不断积累领导能力的实际经验时,开始意识到领导能力的重要性,于是自然而然地产生出"掌握领导能力"的想法。

第三章

角色扮演式培训法，培养解决问题的领导能力

培训是提高员工综合能力与工作效率的不二法门。但有些公司的培训只是走走形式，做做样子，并没有真正让员工学到东西。麦肯锡专家在帮客户解决人力资源管理弊病时，会推荐已经在麦肯锡内部实践多年的角色扮演式培训法。角色扮演式培训法的核心精神是培养每个人解决问题的领导能力。这种方法不仅可以用于培养新员工，对调职或者需要充电的中高层管理者也大有裨益。

角色扮演式培训法的五个价值

◎ 管理现状调查

您的公司在人力资源管理方面是否存在以下现象？如果有的话，请在（　）里打"√"。每空1分，总分最高5分，最低0分。得分越高，说明您的公司在人力资源管理上存在的问题越多；反之，则说明您的公司管理水平较高。

（　）	1. 公司的培训课程缺少关于沟通技巧方面的内容
（　）	2. 公司的培训课程缺少关于走访客户的模拟训练
（　）	3. 公司的培训课程缺少关于换位思考的模拟训练
（　）	4. 公司的培训课程缺少关于团队内部共享工作技能的环节
（　）	5. 公司的培训课程缺少关于如何处理突发性事件的练习
问题诊断	人力资源管理部门对角色扮演式培训法的理解还不到位，没有弄清这种培训方法的主要目标和应用价值。只是简单设置了一些脱离公司实际情况的情景对话练习

◎ 角色扮演式培训法的实用价值

所谓角色扮演式培训法，就是设置模拟的工作场景，让参与培训的员工分别扮演场景中的不同角色，通过角色体验的形式来训练相关技能的方法。

人力资源管理部门在推行角色扮演式培训法时，应该向各部门的管理者和员工重点强调该方法的实用价值，否则很容易被众人当成过家家式的游戏。角色扮演式培训法可以给我们带来五个好处：

1. 锻炼沟通能力

沟通能力对于工作很重要，但大部分公司并没有专门给新老员工提供相应的训练，只是让每个人在工作中自己总结经验。假如遇到了某些令人头痛的工作，员工很可能因为沟通能力不足而束手无策，错失机遇事小，造成麻烦事大。模拟场景最好是从真实案例中提炼出来，尽可能地还原当时的情况，以求最大限度地提高训练的实战性。

其实管理者平时就可以围绕实际工作中的具体情况来组织训练，让员工在模拟情境中锻炼沟通技巧。

比如，5分钟后向上级领导汇报上个月的工作情况、向其他团队成员展示策划方案、跟出现重大失误的员工谈话、跟打算辞职的员工谈话、跟大客户谈判等场景，都是实际工作中常见的令人感到棘手的问题。

角色扮演式培训法贴近实战，就算失败了也没有风险，可以重新来过。通过反复模拟演习，员工的沟通能力和应变能力会显著提高。

2. 获取反馈信息

角色扮演式培训不是独角戏，而是由几个员工分别扮演具体的角色。他们在此过程中可以得到其他角色扮演者反馈的信息，总结出第一手的工作经验。

比如，员工A扮演的是公司的销售员，员工B扮演的是客户，在模拟训练结束后，员工B可以站在客户的角度来点评员工A的表现。

员工A也许说话方式过于生硬，会招致客户的不满；也许在介绍产品时没有提到客户感兴趣的卖点。通过这种反馈，员工A可以针对自己的不足做出改进，在正式拜访客户时就能用更恰当的方式来展示自己和推销产品了。

对新员工而言，这种培训方式比单纯背诵销售话术模板更加贴近生活实践。对老员工来说，角色扮演式培训可以帮自己不断完善工作技巧。而且员工在角色互动过程中会加深交流，形成更深厚的同事情谊。

3. 学会换位思考

麦肯锡的角色扮演式培训法有一个常见的套路：参与培训的

员工依次轮流扮演"客户方的董事长""客户方的项目负责人""自己"和"自己的上司"等几个角色。每完成一次训练,所有参与者就交换各自的角色,按照新角色的立场来说话做事。当所有人都把四种角色演过一遍时,就算完成了一个阶段的训练。

每个人最熟悉的就是自己,但并不知道自己在别人眼中是什么样子。交换角色可以帮助我们充分地换位思考。看看别人扮演的"自己",你就知道他们眼中的你是什么样的人了。同理,对方也能明白你平时是怎么看待他们的。角色扮演式培训让每个人都成了其他人的镜子。帮助大家意识到自己平时有什么地方让别人感到不舒服。

在这种形式的模拟训练中,每个人在扮演其他角色时都会比扮演"自己"时学到的东西多。通过换位思考,我们将对自己在工作中的言谈举止形成更加全面客观的认识,今后注意发扬长处和改进不足,从而获得长足的进步。

4. 促成内部经验交流

部门团队中的每个人都有自己的工作方法,但很少会进行经验交流。有些员工生怕自己的"绝活"被别人学去,动摇个人的核心地位。有些员工想向其他同事请教,但碍于面子或性格等原因,不知道该怎么开口。

角色扮演式培训为团队内部的经验交流提供了一个绝佳的机会。每个参与培训的人都会展示出自己工作时的完整姿态。大家能从中发现各自的优缺点，在相互交流学习中可以琢磨出更有效的新技巧。这对提升团队各个成员的工作能力和做事效率有极大的好处。

5. 形成风险预案

公司在发展过程中难免会遇到一些不可预见的突发事件。即使是经验老到的管理者和资深员工，在缺乏应对策略的情况下，也要耗费大量的时间和精力来处理麻烦。为了避免突发情况造成严重损失，管理者必须认真制订风险预案，以备不时之需。

我们可以设计不同类型的突发事件场景，让团队成员来扮演处理突发事件的各种角色。

比如，根据现实中的紧急事故案例来设计训练场景，还原事故内容，找到出事的原因，讲解防范方式，执行处理要诀。组织员工参与角色扮演式培训，比单纯给每个人发一本《紧急情况处理指南》更加有效。以后真遇到危机时，员工就能训练有素地迅速处理。

麦肯锡人力资源管理经验

伊贺泰代 → 前麦肯锡日本分公司首位专职人力资源部长

一般的集训式培训很难获得较高的生产率。虽然这类培训有时能让人感到"很有趣""学到了不少东西""引发了很多思考"，但是由于抽象的内容太多，因此很少能够提高具体工作的生产率。类似"虽然有用，但很难在短期内收到效果"的培训，如果占据了企业培训的全部内容，就会有员工产生"工作太忙没有时间参加培训"的想法，甚至会使员工产生本末倒置的想法，认为培训是闲着没事做的人参加的活动。

根据日常工作场景设计训练内容

◎ 管理现状调查

您的公司在人力资源管理方面是否存在以下现象？如果有的话，请在（　）里打"√"。每空1分，总分最高5分，最低0分。得分越高，说明您的公司在人力资源管理上存在的问题越多；反之，则说明您的公司管理水平较高。

（　）	1. 公司上下都认为设计角色扮演式培训课程是人力资源管理部门负责的
（　）	2. 除了人力资源管理部门外，其他部门对角色扮演式培训缺乏兴趣
（　）	3. 公司各部门只是选派少数代表参加角色扮演式培训
（　）	4. 公司各部门只是用角色扮演式培训法来培训新员工
（　）	5. 公司各部门的管理者都觉得参与角色扮演式培训是在浪费时间

续表

问题诊断	各部门的观念还停留在传统的培训方式上，缺乏主动应用角色扮演式培训法的意识。现代员工培训早已不再只是人力资源管理部门的任务。各部门团队都应该结合自己的需要来组织开展训练，根据日常工作场景中最让人头痛的问题来设计训练内容。这样有针对性地练兵，才能获得最好的效果

◎ 怎样围绕工作场景设计角色扮演式培训内容

日本知名职业规划管理顾问伊贺泰代先生曾经担任麦肯锡日本分公司首位专职人力资源部部长。他为首次角色扮演式培训法的读者提供了一个培训模板。我们在此基础上稍做改动，使之成为更符合国内企业销售工作场景的培训模板，具体内容如下：

销售部门的角色扮演式培训流程

参与者：销售部门职员，10~40人。

由销售部经理等在该领域做出过实际业绩的若干业务骨干担任讲师。将参与者分为2~7桌就座，每桌6人左右。6个人的角色分配如下：

客户方代表：2人（客户方董事长和项目负责人等角色）。

续表

本公司的销售代表：2人（员工本人，另一位是自己的上司等角色）。

计时员：1人。

反馈员：1人。

培训内容：与初次拜访的客户公司代表进行最初30分钟对话的演习。

培训要求：尽量设计成日常中经常出现的场景；一次角色扮演时间为20分钟，回顾及反馈时间为15分钟，总共用时35分钟。所有人都担任一次客户方和本公司职员，需要重复3次扮演。

整个培训过程所需总时间：2小时30分钟至3小时。

最初的30分钟：说明规则，各组做好准备。

角色扮演：35分钟×3次=105分钟。

整体回顾：30分钟。

计时员使用秒表计时，负责控制时间。反馈员作为回顾阶段的主持人，在各组角色扮演结束后给扮演销售代表的员工提出反馈意见，同时引导其他人反馈该员工在角色扮演训练中的表现。

需要准备的物品：任务卡片1种×3份、角色卡片3种×3份。

把任务卡片交给扮演销售代表的员工，卡片上要说明在限定时间内需要完成的目标。比如，弄清客户的决策者的购买意愿，弄清其做出购买决定的关键条件。

续表

角色卡片上写着参与者各自扮演的角色，文字量必须能在1分钟内全部读完（即不超过半张A4纸的篇幅）。例如，在客户方董事长的角色卡片上简单介绍董事长的性格、思维方式、参加本次会谈前的心情，以及一听到就会生气的敏感话题。

这个部分的要点是角色扮演设计的情况应该尽可能贴近现实生活。如果本公司经常碰上喜欢拿自己跟竞争对手公司做比较的客户，就可以在客户方代表的卡片上注明"会在成本方面反复强调竞争对手的优势"之类的提示。

因为有3次角色扮演的机会，在设计角色扮演的课题时，最好能再现3种类型的"常见情形"。

例如，在"客户方董事长"的角色卡片上可以注明以下内容：

第一次的角色设定：基本不听我方的解释，只是紧紧咬住价格等交易条件发问。

第二次的角色设定：在会议开始5分钟后接到电话，中途离席。

第三次的角色设定：只要我方不提出具体的问题，就不怎么发表意见，只是一直在认真地看资料。

无论对方采取怎样的态度，参与者都要竭尽全力让会议进行下去，力争自己希望得到的结果。参加角色扮演式培训的员工可以听到其他成员的各种反馈意见，并从最后的集体讨论环节中学到很多经验教训，提高相关领域的业务水平。

这是根据销售部门初次接待客户的工作场景设计的培训，销售部门可以结合其他重要工作场景设计其他的实战训练。其他部门的工作场景跟销售部门有差异，但也可以借助这个模板设计符合自身需求的角色扮演式培训内容。

麦肯锡人力资源管理经验

赤羽雄二 → 麦肯锡韩国分公司创始人

"这，有什么意义？"习惯性这样想的员工很容易放弃思考。此时，请您引导员工围绕"为什么说它没有意义呢""思考一下这个问题，自己将得到些什么呢"等主题，用A4记录法将自己的答案写出几页，就能启发员工从中获得新的感悟。如果单纯让一位员工这样做，就容易产生反效果，所以最好由全体团队成员早上一起来做这件事，也可以促进全员工作技能的提升。

怎样锻炼准备升为部门经理的员工

◎ 管理现状调查

您的公司在人力资源管理方面是否存在以下现象？如果有的话，请在（　）里打"√"。每空1分，总分最高5分，最低0分。得分越高，说明您的公司在人力资源管理上存在的问题越多；反之，则说明您的公司管理水平较高。

（　）	1. 公司高层认为升职为部门经理的员工不需要特别培训
（　）	2. 公司高层认为培训新的部门经理还是传统的集训式培训更有效
（　）	3. 公司高层不知道该怎么设计相关的角色扮演式培训课程
（　）	4. 升职的员工自认为很快就能熟悉工作，没有进行角色扮演式培训的必要
（　）	5. 升职的员工不知道应该从哪方面进行强化训练
问题诊断	公司上下只是把角色扮演式培训法用于泛泛的员工培训中，没有意识到其对新晋管理者的锻炼价值。或者已经意识到了相关价值，但没有找到执行的办法。这就需要我们充分了解每一位准备升为部门经理的员工有哪些强项和短处，从他们最急需提升的方面着手设计培训课程

◎ 部门经理角色训练

优秀员工被提拔为部门经理,对促进团队发展和该员工个人成长都有好处。不过,这些升职的员工刚上任时会感到茫然,不知道该怎么开展工作。他们原本只是做业务的人才,虽然也参与团队协作,但是并无管理职责。自己做业务和管理团队是两种不同性质的工作,需要不一样的技能。如果不能完成角色转变,被提拔为部门经理的人就很可能因表现糟糕而被降职。

其实,公司在正式提拔这些骨干人才之前,可以先让他们多多参与角色扮演式培训,提前体验部门经理的工作。

先挑选5名员工参与一个假想的经营课题,让准备升职的员工扮演部门经理,率领其他4人一起完成这个课题。在这个角色扮演游戏中,考查客户企业的满意度、部下的满意度、家人的满意度、部门经理和自己的睡眠时间等指标。然后模拟现实工作中会出现的各种情况,让参与者做出选择。根据"部门经理"的选择来改变各项指标的数值。

比如,你答应了客户的全部要求,就会提高客户的满意度,但部下会因为你增加了他们的工作量而降低对你的满意度。如果你花费过多的时间在公司加班,家人的满意度就会下降。如果你接下过多的任务,导致睡眠时间过少,就会被训练组织者判为"因过度劳累而住院，强制休息3天"，导致团队的所有工作暂停。

◎ 扮演部门经理角色的员工应该注意什么

部门经理要学会权衡各方利弊之后做出判断，确保整个团队能稳定有序地工作。扮演这个角色的员工在开始时很容易顾此失彼。特别是在遇到难度较大的游戏任务时，会暴露出很多工作经验的短板。

比如，培训中的一个场景是，由你来安排客户与自己的上司会谈，可事到临头，你的上司却因为某些急事临时取消与客户的会面。这必然会导致客户对你的满意度下降。如果你事先跟上司反复说明本次会谈的重要性，就可以避免这种情况发生。当然，你会为此付出睡眠时间减少的代价。

在角色扮演式游戏中，其实各个场景的选项没有什么"正确答案"和"错误答案"。无论你怎么选择，都是有利有弊的。扮演部门经理角色的员工要学会在模棱两可的选项中做出决定，并预测这个决定引发的后续情况，做好应对预案。

刚升职的员工不是草率决断的冒险者，就是优柔寡断的保守者。经过反复的角色扮演训练后，你将掌握部门经理工作中最核心的两个技能：做出决策和准备应对风险。遇到困难不要退缩，而要依靠自己勇敢做决策，这样才能成长为合格的管理者。

麦肯锡人力资源管理经验

赤羽雄二 → 麦肯锡韩国分公司创始人

有的上司常常会命令新人"你来做今天的会议记录",但能保证会议顺利进行的做法应该是上司自己站在白板前,一边写下自己的发言要点,一边主导会议的进程。良好的会议形态不是让新手来做会议记录,而应该由上司本人来推进会议。每个公司都应该有白板。口头表述无法说清楚的问题,可以迅速图示在白板上,或者用白板演示工作任务的分配等,白板的用法多种多样。只有通过灵活使用白板,上司的领导力才能得以充分发挥,才能顺利主导并推进会议的开展。

高层管理者应该接受的相关训练

◎ 管理现状调查

您的公司在人力资源管理方面是否存在以下现象？如果有的话，请在（　）里打"√"。每空1分，总分最高5分，最低0分。得分越高，说明您的公司在人力资源管理上存在的问题越多；反之，则说明您的公司管理水平较高。

（　）	1. 公司高层管理者缺乏主动学习的意识，懒得组织培训
（　）	2. 公司高层管理者不屑于参加角色扮演式培训
（　）	3. 公司高层管理者倾向于采用邀请名人来演讲的方式进行培训
（　）	4. 公司高层管理者目前接受的培训内容非常抽象，没什么具体内容
（　）	5. 公司不知道该怎样围绕高层管理者的需求来设计角色扮演式培训课程
问题诊断	高层管理者的培训重点和普通员工、中层管理者都存在差异。很多公司虽然为高层管理者投入了最多的培训资源，但培训内容往往是华而不实的、抽象的。角色扮演式培训法其实囊括了公司里所有的角色，同样可以对高层管理者面对的各种工作情境进行模拟训练

◎ 高层管理者也需要培训吗

这个问题看起来多此一问，但不少企业恰恰没有做到位。通常而言，公司组织比较规范的培训时，会按照工作年限的长短对员工进行分组。工作年限越长的员工，职务一般越高，接受的培训内容也越抽象，培训的形式也更倾向于被动听讲。

新入职的员工接受的是跟日常工作技能相关的培训课程。中层部门管理者的培训往往只是听人力资源部简单讲解管理者的责任。而董事、首席执行官、总经理等公司高层管理者，实际上没有什么培训，只是从外部邀请"著名讲师"来做演讲。这种演讲通常跟企业经营没有直接联系。

有些培训组织者认为，高层管理者已经是业内资深人士，给他们讲解技术性的知识可能太浅了，抽象的思想是更适合他们的培训内容。这是一个片面的认识。其实，高层管理者的工作内容比中层管理者和基层员工更加宏观，也更加复杂，同样需要角色扮演式培训法中的模拟场景练习来提高技巧。

以董事长的工作为例，在董事长会议中讨论重大决策、在与竞争对手企业争夺合作客户方的谈判、在公司出现重大转变时对内部员工发表的讲话、对投资方陈述公司发展蓝图，诸如此类的高层管理工作内容，都可以设计成角色扮演式培训的训练课题。

这样就能让地位很高的管理者强化实务能力。

◎ 麦肯锡针对高层管理者的角色扮演式培训

在麦肯锡，公司的高级董事（合伙人）会定期参与一些角色扮演式培训。常见的培训主题是"沟通客户企业的首席执行官"。企业合伙人在培训中扮演客户方的高层管理者，模仿他们的一举一动，按照他们的思维方式来做决策。

通过这种培训方式，麦肯锡合伙人可以更好地理解对方的立场和观点，还能趁机观察参与培训的其他麦肯锡资深合伙人的表现，掌握这些资深商务顾问的沟通技巧和工作方式。这些高端人才在角色扮演式培训中深入沟通，分享经验，从同伴那里学到了更多的东西。这种做法对扩大麦肯锡的影响力和提高公司内部的凝聚力，都有很大的好处。

此外，麦肯锡在世界各地拥有许多分公司，会时不时召集各国分公司的法人代表参与同样的培训课程。请某位名人演讲的被动培训方式也会包括在培训课程表中。但更多的还是提出具体问题，让来自各国分公司的高管分组讨论这些问题，并将小组的讨论结果发表出来做更大范围的议论。

由于对高层管理者也坚持角色扮演式培训，麦肯锡的高层团队一直保持着很高的管理水平。公司在管理咨询领域的地位也长盛不衰。

> **麦肯锡人力资源管理经验**
>
> **伊贺泰代** → 前麦肯锡日本分公司首位专职人力资源部长
>
> 　　麦肯锡公司的高级董事（合伙人）也会定期参加一些以"沟通客户企业的首席执行官"为主题的角色扮演式培训。虽然讲师们都是来自世界各地的资深商务顾问，他们在这个岗位上工作了数十年，但与讲课形式的培训相比，通过角色扮演式培训，员工可以从同伴那里学到更多的东西。一般而言，人事部门更愿意为高层管理者设计一些高深的培训课题，但他们却认为这类技术性的培训对他们来说难度太低、没有效果，这实在是一件令人遗憾的事情。

在国际化团队中积累跨文化管理经验

◎ **管理现状调查**

您的公司在人力资源管理方面是否存在以下现象？如果有的话，请在（　）里打"√"。每空1分，总分最高5分，最低0分。得分越高，说明您的公司在人力资源管理上存在的问题越多；反之，则说明您的公司管理水平较高。

（　）	1. 团队成员在工作过程中都我行我素，并不考虑其他文化背景的同事的感受
（　）	2. 团队成员在工作过程中常因为文化背景差异而产生严重分歧
（　）	3. 当分歧出现时，团队负责人并不能公平而妥善地消除分歧
（　）	4. 团队负责人总是采用多数一方的意见，而忽略少数一方的需要
（　）	5. 团队负责人过于在意少数一方的需要，而忽略多数一方的感受
问题诊断	跨国管理是走向海外公司的一道必考题。管理者必须认真了解不同国家和地区员工的文化背景，准备好处理国际化团队中可能出现的各种矛盾。角色扮演式培训法有助于让不同文化背景的员工了解自己在异域工作时应该避免出现哪些问题，提高国际化团队的协作能力

◎ 麦肯锡管理案例：国际化团队的工作方式

一家法国制药公司要求麦肯锡的管理顾问帮自己设计产品战略，项目周期是6~8周。由于执行方案都要用法语完成，麦肯锡安排了一个由5人组成的国际化项目团队。团队的具体成员包括：来自法国巴黎的基层项目经理（负责团队管理），来自美国新泽西的不会说法语的内科医生（项目经理的助理），来自西班牙的担任过投资银行家且精通法语的助理（也是项目经理的助理），来自法国的一名自然科学博士（合作伙伴），来自美国新泽西的一名不会说法语的MBA（合作伙伴）。

这5个人来自不同国家，拥有不同的文化背景。在项目周期较短的情况下，团队协作难度较大。但事实上，这个国际化团队从第一天开始就高效运转。

他们在麦肯锡驻巴黎办事处汇合，立即就项目的分工与协作方法展开了全面而深入的讨论，然后离开办公室到香榭丽舍大街的餐馆用餐。每个人都做了自我介绍，讲述了自己的工作风格，做了职业性格测试。通过这种方式，大家了解了彼此，弄清了每个成员在项目中即将担任的角色。通过讨论团队的协作状态，这个项目组消除了文化差异隐含的冲突，顺利完成了任务。

◎ 管理国际化团队的训练重点

上述案例中的国际化项目团队在麦肯锡公司比比皆是。随着中国企业不断走出国门，以及海外人才的引进，跨文化管理经验变得越来越重要。来自不同国家和地区的人才，在思维方式、工作习惯和生活风俗上有很多区别。本国员工眼中的激励措施，说不定在外籍员工眼中是一种冒犯。这是由他们的文化背景差异决定的。因此，公司有必要通过角色扮演式培训来强化团队负责人的跨文化管理意识。

在国际化团队角色训练过程中，参与培训的员工都要学会了解其他员工的文化背景，弄清他们做判断的标准。一个常见的误区是：以为很多事情没必要解释，人人都会做出同样的选择。其实不然。

你觉得理所当然的事情，可能恰恰是其他成员认为很不合理的决定。如果不能把你做判断的理由阐述清楚，团队成员就会对你产生不信任感，导致团队一步步走向分裂。这样的悲剧在国际化团队中屡见不鲜，应当引起管理者的高度重视。

在角色扮演式培训中，我们应该多多模拟跨文化冲突的工作场景，让每一名员工切身体会到各国文化差异是如何影响工作进程的。所以，参与者在训练中碰撞与磨合，学会相互尊重与扬长避短，国际化团队才能消除天然的隔阂，获得更高的生产效率。

麦肯锡人力资源管理经验

艾森·拉塞尔 → 前麦肯锡公司咨询顾问

丹·韦托曾任麦肯锡匹兹堡办公室招聘主管。他表示，一个团队的真正价值，源于成员的多元化以及"背景、爱好和智力"的适当平衡。他一般依靠猎头公司，但是，如果能够有益于组建最好的团队，他也通过"非传统"渠道招人。团队多元化的真正价值是什么？除了拓宽团队所掌握的技能外，还能为解决问题提出创新的观点，挑战那些很容易想当然的假设。有了多元化，团队还能感到整个解决问题的经历更有意思。真正的多元化，不仅能加快解决问题的进程，还能促进每一名团队成员的发展。

第四章

适时提拔骨干人才,避免顶尖员工流失

任何企业都有少数能力出众的业务骨干,被麦肯锡定性为顶尖员工。毫无疑问,顶尖员工对组织的发展至关重要。他们的表现决定了整个团队的生产效能。管理者会给顶尖员工最高的待遇,但这批优秀人才也是竞争对手公司争取的对象。减少骨干人才的流失是人力资源管理中的一项重要工作。想要做到这一点,就必须优待顶尖员工,让他们在组织中获得尽情施展抱负的舞台。

顶尖员工留不住,优秀人才不会来

◎ 管理现状调查

您的公司在人力资源管理方面是否存在以下现象?如果有的话,请在(　)里打"√"。每空1分,总分最高5分,最低0分。得分越高,说明您的公司在人力资源管理上存在的问题越多;反之,则说明您的公司管理水平较高。

( )	1. 公司里能力最强的员工最近突然离职了,谁也挽留不住
( )	2. 公司里能力最强的员工因为没能升职而被竞争对手公司挖墙脚
( )	3. 公司里能力最强的员工因为没能涨薪而被竞争对手公司挖墙脚
( )	4. 公司里能力最强的员工因为跟其他管理者产生矛盾而被竞争对手公司挖墙脚
( )	5. 能力最强的员工离职后,公司迟迟找不到能接替他(她)的人
问题诊断	顶尖员工由于能力强、贡献大,对公司的期望也比普通员工高。然而,公司高层可能缺乏满足顶尖员工期望的客观条件,或者管理者本身舍不得投入更多成本来挽留人才。于是,顶尖员工决定另谋出路,寻找更好的发展平台

◎ 团队生产效能取决于顶尖员工

按照理想状态，人人都能激发最大潜能，团队将获得惊人的效率。但这在实践中基本无法实现。每个人的能力存在差异，潜力开发水平也参差不齐。更加切实可行的办法是，集中力量培养成长潜力最大的顶尖员工，由这些人带动全团队的生产效率。

所谓顶尖员工，并非指某些有特定职务的员工，而是工作能力超群的员工。他们对团队业绩的贡献巨大，贡献比例甚至可能超过一半以上。换言之，团队的生产效能，主要取决于顶尖员工的表现。

顶尖员工可能是部门团队负责人，可能是资深业务骨干，还可能是新入职的杰出人才。公司招聘的每一批新员工里，总有几个人在工作两年后脱颖而出，比同期入职的人表现得更加出色。这就是顶尖员工的苗子。

按照麦肯锡专家的观点，组织中的人力资源大体可以划分为顶尖员工、高水准员工、平均水准员工、低水准员工和经常惹麻烦的员工五个档次。其中，顶尖员工最多占员工总数的百分之几，甚至可能屈指可数。高水准员工最多能占员工总数的两成左右，平均水准员工则占了将近六成，低水准员工占了将近两成。经常惹麻烦的员工和顶尖员工同样稀少，而且往往会被清除出队伍。

◎ 挽留顶尖员工的关键

留不住优秀人才是很多公司头痛的问题。培养一个优秀人才的成本很高，但从人力资源市场上找到符合公司需要的优秀人才也需要一些运气。即使是名声在外的卓越人物，能否跟公司完成磨合也是未知数。假如能留住现有的顶尖员工，公司就可以节省很多成本，避免一些不必要的麻烦。

但顶尖员工通常不容易管理，而且经常会被竞争对手挖墙脚。公司高层若不能采取一些措施来留住人心，顶尖员工很可能跳槽到对手那里，成为公司最难对付的人。

管理者常见的误区是只奖励顶尖员工的已有成绩，而低估他们的潜力。顶尖员工非常在意自己的成长速度。当他们发现自己与年龄相仿的优秀人才之间存在差距时，会开始思考怎样追上对方的脚步。如果判断自己留在现有岗位上无法提升，顶尖员工就会萌生去意；反之，则会安心留下来继续奋斗。

这才是顶尖员工跳槽的根本原因。至于待遇水平等问题，对顶尖员工只是一个重要的参考因素，还不是决定性因素。顶尖员工对自己的能力高度自信，相信自己能亲手支撑起一片天地。对他们而言，把二流公司建设成一流公司远比在一流公司坐享其成更有成就感。

假如公司高层只是简单地提高待遇，却无法满足顶尖员工对成长的需求，依然无法留住他们。他们甚至可能跳槽到待遇更低但成长机会更多的公司。

> **麦肯锡人力资源管理经验**
>
> **伊贺泰代** → 前麦肯锡日本分公司首位专职人力资源部部长
>
> 在日本企业中时常能听到这样的抱怨："外资企业和风险企业愿意给年轻员工高额报酬，因此自己企业里的优秀人才常常会被这些企业挖走。"只要抱有这种错误的认识，企业就永远无法阻止人才的流失。事实上，即使是采取年功序列工资制，他们也完全有可能选择这种挑战自我的机会。然,多数企业却只会照本宣科地在考核成绩上给他们一个高评价了事。照这种做法，员工无论在哪个阶段离职都不足为怪。

培养顶尖员工的3个窍门

◎ 管理现状调查

您的公司在人力资源管理方面是否存在以下现象？如果有的话，请在（ ）里打"√"。每空1分，总分最高5分，最低0分。得分越高，说明您的公司在人力资源管理上存在的问题越多；反之，则说明您的公司管理水平较高。

（ ）	1. 公司说要栽培那些有潜力的人才，但没什么实际行动
（ ）	2. 公司认为顶尖员工的能力已经够用了，不需要进一步开发
（ ）	3. 公司让顶尖员工负责难度最大的任务，但没有赋予相应的权限和资源
（ ）	4. 公司没有为顶尖员工设计职业发展规划，没给他们提供上升的机会
（ ）	5. 公司怕顶尖员工太冒尖，因而时不时打压一下他们
问题诊断	按照麦肯锡的观念，优秀员工如果安于现状、放弃成长，会给企业带来很大的损失。但一般的企业管理者并没有意识到顶尖员工同样需要培养，只是把他们当成摇钱树来用，而不注意持续激发其活力和斗志

◎ 培养顶尖员工的策略

每个老板都希望自己麾下的优秀人才越来越多，巴不得个个员工都能独当一面，让竞争对手公司难与争锋。愿望虽好，但实现不易。有些顶尖员工已经成为公司的顶梁柱，上升的空间较小，薪资待遇也比较优厚，失去了奋斗目标，对未来感到迷惘。有些人认为其他员工不如自己，变得骄傲自满，止步不前。还有些人能轻松完成任务，不想暴露更多能力，以免增加手头的工作。

无论哪种情况，顶尖员工都只会原地踏步，不会追求更上一层楼。他们身上还隐藏着许多潜力尚未发挥。管理者若能有效开发这些潜力，顶尖员工将变得更优秀，团队及公司的发展也将获得强大的动力。为此，管理者可以采取以下策略：

1. 设置具有挑战性的目标

对未来感到迷惘的顶尖员工，需要的是一个更有挑战性的目标。我们可以在当前发展目标的基础上进行延伸，让顶尖员工担负起难度更高的重大使命。让顶尖员工过多处理自己游刃有余的日常工作，未免大材小用。在缺乏压力和动力的环境下，他们的能力迟早会退步的。既然如此，何不让顶尖员工去执行更有挑战性的任务？让顶尖员工去做其他员工无法胜任的工作，既能减轻一般水准员工的负担，又能让顶尖员工焕发出新的活力。

2. 找准参考的对象

对于那些骄傲自满的顶尖员工,最需要改变的是他们的参考对象,别让他们老是跟能力平庸的同事做比较。管理者可以为顶尖员工树立三个比较对象:

(1)一年前的自己。

(2)公司其他部门的顶尖员工。

(3)与自己年龄相仿的其他公司的顶尖员工。

这样做可以让他们清楚地看到自己在过去一年中是否有所成长,同时也能对比出自己跟其他顶尖员工是否存在差距。假如公司其他部门或者其他公司的顶尖员工比他们优秀,就会让他们产生紧迫感。特别是其他顶尖员工迅速成长时,骄傲自满的顶尖员工会不甘落后地提高自己,不再有"每年铁定得第一"的麻痹思想。

3. 为他准备一个"劲敌"

缺乏工作积极性的顶尖员工,需要一个"劲敌"来刺激。他们之所以提不起干劲,是因为一般水准的员工无论多么拼命都追不上自己,于是就不再付出更多努力了。一旦团队中出现一个与之旗鼓相当的对手,他将失去高枕无忧的舒适区,被更加积极上进的"劲敌"夺走所有的掌声和荣誉。为了巩固自己的领先地位,他们必须全力以赴,不被"劲敌"甩在身后。

以上三种策略可以单独使用,也可以组合使用。对不同类型的顶尖员工，要注意对症下药。骄傲自满的顶尖员工应该多批评、多鞭策。踏实严谨的顶尖员工则以激励和支持为主。此外，管理者还要注意处理各个顶尖员工之间的关系，鼓励良性竞争，杜绝恶性竞争，确保团队的健康发展。

> **麦肯锡人力资源管理经验**
>
> **赤羽雄二** → 麦肯锡韩国分公司创始人
>
> 　　把顶尖员工培养成自己的接班人，具体要做点儿什么呢？在此列举三个关键点。首先，把新手员工交给顶尖员工来培训。经验尚浅的年轻员工不太熟悉业务，需要做很多的培训和教育。顶尖员工负责这项工作，可以为其走上管理岗位储备经验。其次，培养多位继任者，降低单一继任者中途退出带来的风险，确保工作衔接不出问题。最后，不要为那些工作已经很忙的员工强行安排员工和后辈。等他们时间充裕时再考虑此事。

不可牺牲骨干人才的发展潜力

◎ 管理现状调查

您的公司在人力资源管理方面是否存在以下现象？如果有的话，请在（　）里打"√"。每空1分，总分最高5分，最低0分。得分越高，说明您的公司在人力资源管理上存在的问题越多；反之，则说明您的公司管理水平较高。

（　）	1. 公司不怎么刻意培养员工，只是等着能力强的人自己脱颖而出
（　）	2. 公司除了给顶尖员工分配更多、更难的任务外，没什么别的动作
（　）	3. 公司给顶尖员工的待遇和普通水准的员工没太大区别
（　）	4. 公司高层认为顶尖员工能力已经很强了，普通水准的员工才需要培养
（　）	5. 公司高层认为顶尖员工靠的是天赋，后天培养对他们用处不大
问题诊断	麦肯锡专家在为客户服务时发现，不少企业误以为顶尖员工的潜力已被充分开发。事实上，这些优秀人才往往还有可提高的余地，但公司没有提供相应的机会和资源

◎ 顶尖员工的原地踏步现象

不少世界一流企业，往往不愿意过早提拔顶尖员工。尽管顶尖员工刚进公司时在基层升职较其他普通员工早，但可能要到入职十年左右甚至更长时间才能升任高层管理者。在这段时期内，公司高层一般不会将其视为高层管理岗位的正式继任人。只是在高层准备换血时，才将其派到未曾接触过的部门或者分公司来锻炼，根据他们在工作中的实际表现来决定是否提拔他们。

麦肯锡对这种现象持否定态度，并贯彻唯才是举的方针。即使是只入职两年的员工，只要表现出卓越的能力，就有可能获得相当于同期入职同事数倍的年收入。可惜的是，麦肯锡的大部分客户还在犯让顶尖员工原地踏步的错误。

这些原地踏步的顶尖员工，一直在为公司殚精竭虑，但并未得到充分栽培，很多潜力在年轻时没有完全发挥出来。等到公司决定将其纳入高层管理者行列时，他们已经人到中年，有些没挖掘的潜力很难再开发出来。

从某种意义上来说，这些顶尖员工的发展潜力被牺牲掉了一部分。有的人很早就意识到了这一点，于是主动跳槽到其他能满足其成长需要的公司。这无疑是公司的一大损失，说不定会直接影响这一年的盈利水平。

◎ 公司不肯提拔骨干人才的原因

为什么有些企业不愿太早提拔年轻有为的顶尖员工，直到他们中年时才匆忙培养？主要原因有两个：

1. 安抚平均水准的员工

青年员工刚入职的时候，尚未在工作中显示出自己与别人的实力差距，对未来还是充满希望的。一部分管理者认为，太早提拔他们当中的顶尖员工，会让其他没得到提拔的普通员工产生自卑感，甚至自暴自弃。越早提拔顶尖员工，同期入职的普通员工就越早丧失上进心。

部分企业为了让数量更多的平均水准员工保持一定的工作动力，采取推迟提拔骨干人才的策略，暂时给其他员工一个盼头。此举会牺牲骨干人才的成长速度。但骨干人才作为顶尖员工，本身已经有令公司满意的表现。再加上大多数平均水准的员工还有足够的干劲，公司已经能实现良好的运转。所以，这些企业管理者倾向于采用这种低成本的策略。

2. 考核机制重业绩轻培养

企业的考核机制通常着眼于提升业绩，较少从人才培养的角度设计政策。按照企业的逻辑，人才培养的最终目标是获得能够接替公司各部门管理岗位以及董事职位的人。无论是金字塔形组织结构，还是扁平化组织结构，管理层级越高则职位越少，竞争也越激烈。

尤其是一流企业，员工成千上万，各部门的顶尖员工层出不穷。就算只占员工总数的百分之几，也比重要岗位多得多。当公司从所有的顶尖员工中择优提拔时，必然会产生大量没有得到提拔的顶尖员工。

由于公司考核机制重业绩而轻培养，顶尖员工会得到公司的大力扶持，进步越来越快。而落选的顶尖员工实际上得到的资源，跟平均水准的员工是一样的。他们只不过是因为能力强，才继续保持较好的成绩。但与已经上位的顶尖员工相比，差距越来越大。而在此之前，他们还处于同一起跑线。骨干人才的发展潜力牺牲了多少，由此可见一斑。

> **麦肯锡人力资源管理经验**
>
> **赤羽雄二** → 麦肯锡韩国分公司创始人
>
> 假设您由于晋升、部门异动或换工作等原因，即将离开原团队，此时，如果没有合适的人来填补您的空位，留在团队中的成员们肯定会陷入群龙无首的混乱中。或许大家首先想到的就是从团队中找一位最优秀的员工来代替你

的位置。但是,暂且不说一流的员工是否就一定是一位优秀的管理者,即使是一位做工作毫无差池的员工,突然让他作为领导来带领团队工作,这几乎也是很难做到的。做职员的工作能力和做领导的用人能力完全是两回事。

人事调动应该考虑员工成长曲线

◎ **管理现状调查**

您的公司在人力资源管理方面是否存在以下现象？如果有的话，请在（ ）里打"√"。每空1分，总分最高5分，最低0分。得分越高，说明您的公司在人力资源管理上存在的问题越多；反之，则说明您的公司管理水平较高。

（ ）	1. 公司高层对什么是"员工成长曲线"没有概念
（ ）	2. 公司对你的评价很高，但你感觉自己在工作中没有获得进步
（ ）	3. 公司对你的评价不高，但你感受到了自己在工作中的成长
（ ）	4. 你觉得当前的岗位不能让你充分施展才能
（ ）	5. 你希望公司分配给你更多有挑战的任务，而不是能轻松完成的任务
问题诊断	公司安排人事调动时更多着眼于岗位需求，调动的依据是该员工的能力是否足以圆满完成任务，而不是员工的成长。但员工在完成本职工作时，会考虑这项任务能否让自己学到更多东西。双方的着眼点不一样，故而有时候会产生人事调动反而阻碍员工成长的奇怪现象

◎ **成长曲线对员工发展的影响**

无论什么类型的员工，入职的头几年都会有较快的成长速度。当他们对工作熟练到一定程度时，成长速度就会放缓，进入停滞期。做同一工作的时间再长，也无法提升经验和效率。只有安排新岗位或新工作时，员工才会重新回到持续上升的状态，开启新一轮循环。这就是员工的成长曲线。

但在实践中，人事调动很容易滞后于实际需要。员工长期停留在同一岗位上，直到很久才得到调岗的机会。

在这段时期内，他们基本上是没什么成长的，潜力和热情也被消磨殆尽。意识到这个问题的企业，往往会在员工成长速度下降之前就进行人事调动，尽可能保持他们的活力。不过，大多数情况下，企业只是按部就班地定期调岗，只有少数员工能获得持续成长的机遇。

造成这种现象的主要原因是，公司的人事评估与员工的自我评价有不同的立足点。公司的人事评估着眼于从客观角度评估员工的表现。员工的自我评价更关注的是个人的成长。而公司进行人事调整的依据恰恰是前者，而非后者。于是人事调整有可能跟员工的成长曲线变化阶段脱节。

员工能轻松完成工作时，会给公司创造辉煌的业绩。公司在人事评估中会给出很高的评价，但员工实际处于成长停滞期，认为自己没什么进步。

当员工负责有挑战性的高难度工作时，表现可能逊于从前，得不到最好的人事评估结果。但他们自认为获得了成长，反而可能为此高兴。可是公司高层也许会判断员工不适合这个岗位。

◎ **顶尖员工成长曲线的特殊性**

前面讲的是平均水准员工的成长曲线。管理者只需在定期调岗制度的基础上稍作改善，就能释放他们的潜力。顶尖员工的成长曲线另有特点，他们的成长速度比平均水准的员工更快。这意味着他们会更早走完高速成长阶段，提前进入成长放缓期。按照同样的定期调岗制度，他们停止成长的时间比平均水准的员工更长。

这无疑会让顶尖员工的潜力被白白浪费。假如人事调动能准确抓住成长曲线变化的时机，顶尖员工就能不断进步，其潜力就能得到最大程度的开发。这对组织和个人都是好事。实现这个目标的关键在于加快人事调动的节奏。

只要顶尖员工的成长开始放缓，公司就立即为其提供升职或调动机会。把他们安排到更重要的岗位上，或者派他们去执行具有挑战性的任务。一旦顶尖员工完成了任务，就会自动进入成长放缓期。公司应该毫不迟疑地进行新一轮的人事调动。

与平均水准的员工相比，顶尖员工的人事调动会更加频繁，往往跟着公司最需要的方向走。这才是合理现象，既能避免顶尖员工被大材小用，还能借助他们的力量盘活整个公司。假如只是按照平均水准的员工成长曲线来管理顶尖员工，公司将无法达到本该达到的高度。

> **麦肯锡人力资源管理经验**
>
> **赤羽雄二** → 麦肯锡韩国分公司创始人
>
> 要尽早为骨干员工配备员工和后辈，作为您的继任者进行培养。不仅是为了这位员工的未来发展，也是为了在您突然因病请假或者工作推进中必须转移精力着手另一个项目时，让该员工代替您担任团队的临时负责人。顶尖员工有了自己的员工和后辈后，就能深切地了解自己过去不太清楚的作为领导的工作内容和工作艰辛。知晓管理人的困难、团队出成绩的不易，站在更高一级的位置上，就能够从更广阔的视角更好地开展工作。

平衡顶尖员工和其他高水准员工的利益

◎ **管理现状调查**

您的公司在人力资源管理方面是否存在以下现象？如果有的话，请在（　）里打"√"。每空1分，总分最高5分，最低0分。得分越高，说明您的公司在人力资源管理上存在的问题越多；反之，则说明您的公司管理水平较高。

（　）	1. 一两个顶尖员工垄断了最赚钱的项目，其他高水准员工从没得到类似的机会
（　）	2. 一两个顶尖员工垄断了升职的机会，其他高水准员工则很难升职
（　）	3. 只给一两个顶尖员工优厚的待遇，其他高水准员工的待遇偏低
（　）	4. 只给一两个顶尖员工提供深造的机会，对其他优秀员工的成长漠不关心
（　）	5. 用管理高水准员工的方式管理顶尖员工，导致其无法充分发挥才干

续表

| 问题诊断 | 极少数的顶尖员工和大约占公司员工总数两成的高水准员工，代表了公司人才的顶端水平，但两者实际上依然存在一定的能力差距。一刀切式的管理和过分偏袒一方都会让双方产生不公平感，从而失去工作积极性 |

◎ 给高水准员工留下成长空间

公司的综合实力上限是由顶尖员工群体和高水准员工群体决定的。这两个群体有公司最强的战斗力，但管理不当就会让双方的潜力受到压抑。一个常见的管理误区是，只给顶尖员工安排能顺利完成的工作，而让高水准员工协助他们做辅助工作。

当然，"能顺利完成的工作"是按照顶尖员工的标准来判断的。对于高水准员工，反而是具有挑战性的工作。不过，对于平均水准的员工而言，这些工作恐怕都是无力完成的高难度任务。管理者按照这种思路去安排工作，所有人都得不到有效成长。

这本来是一个锻炼高水准员工的机会。但是顶尖员工不费太多力就能完成目标，而高水准员工也只是比较轻松地完成了辅助工作。没有挑战，也就没有进步。高水准员工若只是跟在顶尖员工后面打下手，迟早会失去上进心。而顶尖员工只是在处理对自己没有难度的工作，不可能激发新的潜力。两者的潜力都没得到有效开发。

正确的做法是，把顶尖员工能够顺利完成的工作全部交给高水准员工去做，而不是只让后者给前者打下手。高水准员工可以从中积累宝贵经验，逐步朝顶尖员工的方向进化。至于顶尖员工，自然是安排他们做更加复杂的任务。杀鸡用宰牛刀实在太浪费了。

◎ 该不该让顶尖员工做导师呢

在很多管理者眼中，顶尖员工一定会成为最好的职业导师。因为他们有着效率奇高的工作心得和过硬的技术能力。如果其他人也能掌握这笔宝贵的智力资源，公司的发展前景将难以估量。于是，有些公司会任命顶尖员工为培训讲师，负责培训下属或者新人。然而，麦肯锡的管理顾问并不提倡这个司空见惯的做法。

让顶尖员工去培养新人，在某种意义上可能是一种浪费。顶尖员工的能力和天赋大大超过平均水准的员工，他们的高效工作法未必适用于所有人。即便平均水准的员工可以努力学会，顶尖员工也未必善于讲课。即便他们善于讲课，也会因为工作重心转移而失去挑战更高水准的机会。

其实，想要提高平均水准员工的水平，让高水准员工进行指导即可。两者的能力差距相对较小，更容易产生默契。而且高水准员工在指导下属的过程中可以获得更多进步。顶尖员工从中得到的进步则少一些。

管理者可以让顶尖员工先负责挑战高难度任务，由高水准员工担任平均水准员工的指导者。当顶尖员工退休或者已经把全部潜力发挥出来时，担任导师的效果更佳，没必要在他们还处在成长阶段时让他们过早转变角色。不过，公司可以安排顶尖员工对少数高水准员工进行传帮带，把他们训练成新的顶尖员工。这些做法对顶尖员工和高水准员工的成长都有好处。

麦肯锡人力资源管理经验

伊贺泰代 → 前麦肯锡日本分公司首位专职人力资源部长

长久以来，大多数人都以为日本企业热衷于人才培养，并且建立了完善的培训制度。即使有千载难逢的顶尖员工加入企业，在这种面向平均水准员工的制度之下，顶尖员工的潜力也只会受到压抑，无法得到发挥。对企业来说，这是极其可惜的事情。如果不为顶尖员工设计独特的培养计划，他们的能力将渐渐被埋没，最终沦落到与平均水准员工中处于上层的、占平均水准员工总数两成的高水准员工同等的水平。

第五章

激发老员工的潜在战斗力，减少人才资源浪费

本章提到的老员工，指的是那些进入公司时间较长但没有升职的人。这个群体在组织中占了很大的比重，一般不太受管理层重视。然而，麦肯锡专家认为，这些老员工被闲置是一种人才资源浪费，因为他们还有潜力可挖。如果管理者能纠正偏见，用心经营老员工，组织将获得更大的发展动力。谁能激发老员工的潜在战斗力，谁就能在人力资源管理方面树立强大的竞争优势。

老员工是被忽视的潜在战斗力

◎ 管理现状调查

您的公司在人力资源管理方面是否存在以下现象？如果有的话，请在（　）里打"√"。每空1分，总分最高5分，最低0分。得分越高，说明您的公司在人力资源管理上存在的问题越多；反之，则说明您的公司管理水平较高。

（　）	1. 公司对没有升职的老员工不冷不热，更关注新员工
（　）	2. 公司宁可给经验不足的新员工开高薪，也不愿给老员工涨工资
（　）	3. 公司宁愿让经验不足的新员工去试错，也不肯接受老员工的提案
（　）	4. 公司高层相信所有没升职的老员工都是能力不足所致
（　）	5. 出现管理岗位空缺时，公司高层会优先招聘空降干部，而不考虑提拔老员工
问题诊断	老员工在公司待的时间虽长，但同期入职的人已经晋升为管理者，他们依旧只是普通员工。这个落差无疑会影响公司高层对老员工的综合评价，过分低估其成长潜力。而未成熟的新员工在成长潜力上充满了未知的可能性。于是，公司高层就不肯在老员工身上继续投入资源，而是花更多力量去扶持新员工

◎ 不可忽视的老员工问题

公司每到一定时期，就会从某一批员工中划出一部分人，将其提拔为带团队的管理者。按照一般情况，员工进入公司的时间越长，得到升迁的机会就越大。但是，同期入职的员工不可能全部得到升迁机会。几乎每家公司都有若干直到退休都未能成为团队管理者的老员工。随着工作资历的延长，这些老员工与被提拔为管理人员的同期入职者的差距越来越大。

造成这种现象的主要原因是，大多数企业依然保持着金字塔形组织结构，管理层级越高则岗位越少，根本容不下太多人。

扁平化组织的企业大多集中在互联网等新兴行业。这类企业扩张规模大，会不断组建新的业务团队，需要更加快速灵活的运营机制，也可以为一线员工提供更多升为团队管理者的机会。而传统行业的企业不具备这些条件，金字塔形结构才是更适宜的形态。所以，团队中未能升职的老员工会特别多。

其实，入职时间较长的老员工，熟悉公司各方面的情况，工作经验更丰富，能较好地执行公司的战略。把他们提拔为管理者，岗位磨合成本较低，能更快地形成战斗力。

假如公司处于高速发展状态，这些老员工可能会被派去组建新团队或者充实子公司的力量，从而获得升职的机遇。可惜大多数公司很难保持这种发展势头。于是,老员工们只能一直待在现有岗位上,除了工资随着资历增长外,再无其他的发展空间。

◎ 重新评估老员工的实际作用

这些老员工往往给公司做了很多贡献,但努力得不到太多回报,难免积极性受挫。假如公司高层对此漠不关心,各个部门团队就会出现很多缺乏干劲的老员工。他们并非没有提高工作效率的能力,只不过丧失了热情,很难被重新激励。

人才市场每年都有大量高校毕业生涌入,用人单位可以不断招聘新人。这些羽翼未丰的新人,会对老员工在公司的地位形成一定的冲击。可换个角度来看,新员工中的大多数人迟早也会变成没有成为管理者的老员工。如果管理层以为单靠换血就能掩盖漠视老员工的问题,必将在招聘环节浪费过多的人力资源管理成本。

此外,现在的年轻人跳槽相当频繁,反而不如老员工那么愿意长期留在公司,结果导致团队的人员结构变成：铁打的团队管理者、老员工和流水的新员工。

新员工由于技能不熟练,经验不丰富,且流动性很大,难以担负主要工作。也就是说,实际上扮演骨干角色的还是未升职的老员工,他们的工作效率决定了整个团队的工作效率。若是能充分挖掘老员工的潜力，团队的战斗力就会焕然一新。可惜他们常因得不到充分激励而不愿使出全力。如此一来，整个团队的产出效果就非常有限了。

> **麦肯锡人力资源管理经验**
>
> **伊贺泰代** → 前麦肯锡日本分公司首位专职人力资源部长
>
> 在同样的职位上，并非是"能人就什么都会，能力欠佳的人就什么都不会"。同样，在销售岗位上，有的人擅长开发新客户，有的人擅长维护老客户。因此，该员工究竟是适合做领导者，还是适合做内务支持，他擅长应付的是大企业客户，还是中小企业的客户，曾经主要销售高价商品还是普通商品等，对其在工作中的特长要从各个角度全面进行分析和考察。

企业弃置老员工，团队士气必受挫

◎ 管理现状调查

您的公司在人力资源管理方面是否存在以下现象？如果有的话，请在（　）里打"√"。每空1分，总分最高5分，最低0分。得分越高，说明您的公司在人力资源管理上存在的问题越多；反之，则说明您的公司管理水平较高。

（　）	1. 公司一般放弃培养那些没有升职的老员工
（　）	2. 公司某些特定岗位被大家视为安置庸才老员工的"弃老山"
（　）	3. 公司每个部门都有几位整天牢骚不断且工作敷衍了事的老员工
（　）	4. 公司每个部门都有几位主管指挥不动的老员工
（　）	5. 公司有些像"老黄牛"一样兢兢业业的老员工，一直不被高层重视
问题诊断	随着时间的推移，那些未能在工作中脱颖而出的老员工，往往会被管理者视为缺乏发展潜力的人，而不再是待开发的潜在人才。为了削减运营成本，管理者就会以各种形式弃置他们。这种做法从控制成本的角度来说，确有合理之处。但从人力资源管理的角度来说，却存在一些不可忽视的弊端

◎ 两种管理老员工的消极策略

对于如何安置未升职的老员工，不少公司高层只是从削减管理成本的角度考虑问题，毫不关心他们的成长。通常会采取两种消极管理策略。

1. 把某些能力不太强的老员工集中安置在一个类似"弃老山"的特定部门

这种特定部门待遇不高，工作内容多而杂，没什么绩效考核压力，更没有上升空间，处于公司各部门歧视链的最底层。公司上下都把该部门视为"充军发配之地"。被分配到那里的老员工会遭到众人的白眼，即使能认真把工作做好，心里也会堵得慌。

2. 把老员工分散安置到各个部门

这种做法比前一种策略温和一些，但也存在风险。假如分配的是老黄牛型老员工，也许能给该部门带来一定的积极影响，但也可能使其沦为团队内部被歧视的对象。具体得看团队管理者和其他青年员工的人品。若能合理安置，未尝不能得到皆大欢喜的结局。

假如分配的是不服管教的老滑头，必然会给资历较浅、年龄较轻的团队管理者造成一定的麻烦。而且，此类老员工可能会把自己的不良习气传染给新入职的员工，让团队中所有人都变得散漫怠惰和投机取巧，最终丧失进取心。

◎ **弃置老员工的负面影响**

公司高层对老员工的弃置与对待新员工的态度往往形成鲜明的对比。通常而言，有两件事最让老员工感到愤愤不平：一件是公司宁可给缺乏经验的新员工开高工资，也不愿给效率较高的老员工加薪；另一件是公司宁可给新员工更多试错的机会，也不肯听老员工的合理化建议。

从做事的角度，这种做法会增加任务失败的风险，耗费更多的资源。从做人的角度，对组织还保持忠诚的老员工会感到心灰意冷，不再付出热忱。

弃置老员工，不仅会给老员工带来消极影响，也会给新员工带来消极影响。毫无疑问，团队内耗是破坏效率的头号杀手。而新老员工的矛盾非常容易滋生内耗风气。那些积极上进的青年新员工，可能会在工作中遭到满腹牢骚的老员工的刁难，难以放手施展才华。新老员工的对立情绪会日益尖锐，直到一方离开为止。由此造成的代价是团队四分五裂，无法完成既定的任务目标。

此外，有些实力平平的新员工看到老员工被闲置后，会担心自己的未来是同样的下场。这种念头并不会促使他们拼命提高能力，把自己变成不可代替的重要角色。而更常见的做法是，一边工作，一边寻找别的出路，舍弃长期规划，注重短期行为。他们的工作效率自然也就随之下降了。

麦肯锡人力资源管理经验

伊贺泰代 → 前麦肯锡日本分公司首位专职人力资源部长

　　管理层员工面对自己的上司、比自己年长的下属时，必然会多出许多顾虑，在必须指导他们的时候也会产生犹豫；也正因为难以管理，他们更容易被排斥在实际工作之外，成为"多余的人"。以上两种现象，在企业的实际经营管理中都有着大量的实例。另外，如果为了保护落选者的自尊心而设置大量虚职（例如副部长等），实际工作时在程序上会增加更多烦冗的步骤，导致决策被拖延，给业务的生产效率造成不良影响。

纠正对老员工的偏见，避免人才浪费

◎ 管理现状调查

您的公司在人力资源管理方面是否存在以下现象？如果有的话，请在（ ）里打"√"。每空1分，总分最高5分，最低0分。得分越高，说明您的公司在人力资源管理上存在的问题越多；反之，则说明您的公司管理水平较高。

（ ）	1. 公司高层认为老员工年迈体衰、精力不济，不值得托付重任
（ ）	2. 公司高层认为老员工已经过了巅峰期，不值得在他们身上投入成本
（ ）	3. 公司高层认为老员工普遍平庸保守，对组织改革只会起到阻碍作用
（ ）	4. 公司人力资源部门认为老员工缺乏接受新事物的能力，没必要安排培训
（ ）	5. 公司人力资源部门进行人事调整时，只会把老员工安排到闲职岗位上

续表

问题诊断	由于老员工过去的表现不太突出,公司上下都会给出较低的评价,以致忽略了那些坚持学习新技能以提升自己的老员工,不能及时看到他们的进步。这种一刀切的偏见,会导致管理者错估老员工现阶段的真实实力,从而造成人才资源的浪费

◎ 老员工同样需要良好的培训

大多数企业对培训老员工不够重视,只为新员工提供入职培训。造成这种现象的主要原因是,管理层普遍认为老员工大多没有积极学习新技能的热情,即使有学习心态,进步也很慢。一言以蔽之,给老员工提供培训是在浪费管理资源,不如培养潜力更大的新员工划算。

那么,老员工究竟有没有加强培训的必要呢?答案是肯定的。未被提拔为管理者的老员工,也许是因为能力不够强,也许是因为只懂钻研业务而不善于带团队。这两种老员工都需要良好的培训。

对前一种老员工,如果公司完全不提供培训机会,他们跟其他员工的能力差距会越来越大。问题是,只要他们还在团队中,就会拖慢整体的工作效率。

解雇平庸的老员工,另招一个人进来,固然是一个解决办法。但这同样需要管理者投入培训成本,并且给新人一段较长的磨合时间。

新人能否在试用期融入团队,是个未知数。由此产生的综合成本高于对现有老员工进行培训。所以,很多公司不愿轻易解雇熟悉公司业务的老员工。

既然如此,何不多给他们一些提高技能的机会?哪怕每个老员工只提高3%的效率,也足以让整个团队发挥出更大的战斗力。

后一种老员工并非能力平庸之辈,反而是每一任管理者手中难能可贵的业务尖兵。他们只不过是能力类型属于过于偏重业务和技术领域,缺乏管理才能罢了。

每当公司需要拓展新业务时,这批老员工都是最好的攻坚力量。假如他们的知识库不能及时更新,跟年轻的后辈技术骨干合作时,难免会产生分歧,导致项目进度被拖延。公司应当高度重视对他们的培训。

总之,培训老员工对挖掘团队发展潜力很重要,也能避免人才浪费现象,有利于提高团队的稳定性和凝聚力。

◎ **做好老员工的培训需求分析**

老员工各有特点,所需的培训课程存在差异。为了更好地提升老员工的技能,管理者应该在事前做好员工培训需求分析,充分了解该员工的现有知识结构、技能熟练程度、期望学习的知识等内容。人力资源管理部门可以采用以下方法完成这项工作。

1. 访谈调查法

访谈对象包括需要培训的老员工及其直接上司等,根据访谈提纲来讨论培训的要求和期望。

2. 专项测试评估法

运用专业知识测评表来调查员工的培训需求。让参与培训者填写测评表。通过测评结果来掌握相关员工的培训需求。

3. 现场观察法

培训者亲自到工作现场观察相关员工的表现,从中找到他们的短板,总结出一套有针对性的培训方案。

4. 关键事件调查法

通过调查相关员工对公司产生的关键性作用来判断其培训需求。关键性作用包括拿下大客户、为公司挽回损失等。

5. 绩效分析法

通过绩效考核结果来分析相关员工的优缺点,再根据任务目标要求来强化他们的短板。

6. 能力胜任模型测试法

根据岗位要求来构建能力胜任模型,以此来检测相关员工是否具备胜任某一岗位的知识、技能、身体状态以及价值观。根据测试结果来设计培训内容。

麦肯锡人力资源管理经验

伊贺泰代 → 前麦肯锡日本分公司首位专职人力资源部长

员工中,有到您跟前积极献言献策的人,也有虽有好点子但不太善于表达的人;有非常擅长数据录入的人,也有完全不会的人;有擅长整理资料的人,也有不擅长的人;有打招呼声音很大的人,也有声音小且内向的人;休息日有选择外出游玩的人,也有静下心来学习的人,还有喜欢在家休闲的人;有脾气暴躁的急性子,也有异常冷静的人。员工都是性格各异、全然不同的类型,却将这样的A先生、B先生、C小姐等都统一概括为"我的员工",这完全没有考虑到每位员工的个性。这类管理者在培养员工时,很容易拘泥于所谓的"金科玉律"。

宁肯"严厉的关怀",不可"不抱期待"

◎ **管理现状调查**

您的公司在人力资源管理方面是否存在以下现象?如果有的话,请在( )里打"√"。每空1分,总分最高5分,最低0分。得分越高,说明您的公司在人力资源管理上存在的问题越多;反之,则说明您的公司管理水平较高。

( )	1. 公司高层对老员工没什么期待,在绩效目标上不做太多要求
( )	2. 公司高层对老员工的纪律考勤睁一只眼闭一只眼,即使他们的影响很不好
( )	3. 公司高层对老员工的绩效考核比较宽松,不会严格督促他们提高效率
( )	4. 公司高层在总结经验教训时,总是无法狠下心来告诉老员工应该改进哪里
( )	5. 公司高层基本上不让老员工参与具有高回报率的高难度项目

续表

问题诊断	表面上看，公司对老员工很人性化，不像对其他员工那样严格要求。实际上，公司已经断定老员工不能为组织创造多少价值了。没有期待又不能直接解雇，所以才放任自流，不做太多要求。这样的管理方式等于是剥夺了老员工的成长空间

◎ 老员工缺乏积极性的根本原因

在团队中混日子的人，十有八九是老员工。他们即便能力平平，也足以比较轻松地应对烂熟于心的日常业务。虽然不会升职加薪，但公司出于减少人力资源管理成本的考虑，不会轻易将其解雇。有些人看透了这一点，甚至不把考勤制度放在眼里。扣工资不会改变他们的习惯，偶尔增加奖金也不能让他们恢复刚入职时的工作热情。

新员工刚进公司时比较谨小慎微，但随着入职时间的增加，他们中的大多数人也会变成混日子的老员工。公司规模越大，未升职的老员工比例越高，混日子的人也越多。

假如严格管理的话，这类员工不会买账，甚至会起逆反心理，激化团队矛盾。可若是放任自流，必然会降低团队的工作效率，还会让那些踏实做事的老员工和新员工心里不平衡。这让管理者感到左右为难。

但深入追究的话就会发现，很多老员工的工作热情是被逐渐冷却的。他们普遍认为没升职就意味着公司对自己没有期待。升职的同事得到很多资源，而自己连培训的机会都很少，也没被明确告知自己存在哪些差距，该朝什么方向努力。这是老员工群体缺乏积极性的根本原因。

◎ "严厉的关怀"是必要的

管理者对老员工不能一味讲"人性化"，抱着"有他不多，没他不少，别惹事就万事大吉"的态度来处理问题。该体谅的要体谅，但该批评的也不要客气。告诉他们，你希望他们做到什么程度，可以从你这里获得什么样的支持，达到你的要求能得到什么么奖励，达不到你的要求会遭到什么惩罚。

对于老员工来说，"严厉的关怀"总比"不抱期待"要强得多。一旦老员工感觉组织对自己还有所期待，就会逐渐恢复积极性，按照你指明的出路来努力。由于他们积习已深，这个转变过程不会一蹴而就。你千万不可操之过急，像赶鸭子上架一样强迫他们迅速脱胎换骨。

当然，管理者要把握好"严厉的关怀"的尺度，采用消极评价与积极评价相结合的策略。消极评价主要是指出缺点，提出改进意见。积极评价主要是表扬优点。根据麦肯锡专家的经验，人只能听进去一定量的消极评价和积极评价。

当消极评价过多时,老员工的士气将急转直下,失去重振雄风的信心;当积极评价过多时,老员工会认为你的表扬太表面化,不值得信任。因此,你应该积极寻找消极评价和积极评价的平衡点,让两种评价的合力形成最佳激励效果。

麦肯锡人力资源管理经验

赤羽雄二 → 麦肯锡韩国分公司创始人

请试着回想一下您还是新人的时候,上司应该在大多数场合都是一种充满干劲的、偶尔也让人有些畏惧的存在吧。现在您的部下也一样,在向您汇报自己的失误和搞砸的事情时,也是非常紧张,甚至有些恐惧地等待着您的反应。有些领导可能会认为"已经一目了然的事情,再听他从头到尾讲一遍非常麻烦,也没有实际意义,简直就是浪费时间",这样的心情可以理解。对上司而言,用心倾听员工的声音可能感觉并没有太大的意义,但是,对员工的成长而言,这是不可或缺的。如果能让员工有所进步,他也将尽力和上司愉快融洽地相处,因此请充分倾听员工的声音吧。

及时为老员工的成长提供反馈意见

◎ **管理现状调查**

您的公司在人力资源管理方面是否存在以下现象？如果有的话，请在（　）里打"√"。每空1分，总分最高5分，最低0分。得分越高，说明您的公司在人力资源管理上存在的问题越多；反之，则说明您的公司管理水平较高。

（　）	1. 老员工一直不知道自己在公司里处于什么水平
（　）	2. 公司在进行人事评估时，写给老员工的评语比较粗略
（　）	3. 当老员工出现问题时，团队负责人并没有及时指出来
（　）	4. 如果老员工没把工作做好，团队负责人不会让他们重做，转由其他员工接手
（　）	5. 团队负责人跟老员工只有工作交接，而没有其他的沟通
问题诊断	为部下提供反馈意见，指导改进方向，恰恰是管理者的一项基本职能。但不少管理者都对这项职能认识不足

◎ 麦肯锡的人事评估理念

每当麦肯锡咨询顾问完成一个项目后,项目经理或麦肯锡合伙人都要给他们提供反馈意见。有的麦肯锡办公室还推行全反馈制度,该员工的上司、同僚、下属等都参与人事评估。

按照传统,相关评估结果会发给被评估对象本人。评估结果包括该员工在某些方面有出众的能力(Distinctive),以及今后需要加强哪些方面的能力(Development Needs),但不直接指出员工的缺点(Weakness)。

之所以这样做,是因为麦肯锡不仅仅把人事评估作为决定绩效奖金和提拔对象的手段,同时也是为了让老员工感受到组织对他们的期望。老员工一旦在短板上有所改进,就能大大提升团队的生产率。

这种行之有效的做法,已经随着麦肯锡顾问提供的服务流传到全球多家企业。但并不是每个管理者都能将其运用到位。说到底,部分管理者并不擅长公平、公正地评价员工的表现,因此容易招致老员工的不满。

◎ 怎样公平、公正地评价员工的表现

公平感对老员工非常重要。同一位员工在感到公平时与感到

不公平时的工作效率判若两人。为了让评估反馈意见真正发挥作用，管理者在评价员工表现的过程中，应该注意以下三个事项。

（1）奖优罚劣，言出必行。

（2）多肯定员工的贡献。

（3）不要因为曾经的错误否定员工所有的成绩。

除此之外，管理者还应该认真思考任务评估的六个要素。

（1）评估目的——发现员工的潜在问题，促使他们不断提高自己的业务水平。

（2）评估人员——由员工、直接上级领导、公司绩效考核小组共同组成。评估结果由员工及其直接上级沟通决定，再提交公司绩效考核小组审核。

（3）评估时间——通常在该老员工完成工作任务后立即执行。

（4）评估内容——对照目标执行的实际情况与评价标准，评出分数级别，确定薪酬调整及奖励方案。

（5）评估标准——任务评估标准是由绝对标准和相对标准共同组成的。绝对标准指的是不进行员工之间的比较，只是通过任务结果标准来评估员工的表现是否达标。相对标准则是通过比较不同员工的任务结果来评判工作质量的好坏。

（6）评估方法——可以采用自我报告法，即员工通过填写任务执行鉴定表来总结自己的工作表现。

任务执行鉴定表（模板）

姓名		部门		现任岗位	
任务内容					
执行目标					
完成情况					
目标完成或不能完成的原因					
任务完成贡献					

麦肯锡人力资源管理经验

赤羽雄二 → 麦肯锡韩国分公司创始人

想必任何公司的领导在每次核定员工业绩的时候都是最痛苦和烦恼的。因为并不存在完美的人事评价标准，这是没有办法的事实。虽说如此，但绝不能允许评价员工时模糊不清，因为人事评价对员工的成长有很大的影响。明明员工做出了优秀的业绩，大家都看在眼里，却得不到上司恰当的评价。这样一来，员工就很容易产生消极的想法，认为"在这个公司再怎么努力也没用"从而辞掉工作。

保护未升职老员工的工作积极性

◎ 管理现状调查

您的公司在人力资源管理方面是否存在以下现象？如果有的话，请在（ ）里打"√"。每空1分，总分最高5分，最低0分。得分越高，说明您的公司在人力资源管理上存在的问题越多；反之，则说明您的公司管理水平较高。

( )	1. 公司高层经常为如何安置未升职的老员工而感到头痛
( )	2. 公司高层发现未升职的老员工毫无干劲，但不知道怎样让他们振奋起来
( )	3. 公司高层对缺乏干劲的未升职的老员工不满，但懒得采取激励措施
( )	4. 公司高层完全放弃未升职的老员工，认为对他们没有进行详细评估的必要
( )	5. 公司高层认为未升职的老员工可有可无，合同一到期就将其解聘
问题诊断	在一般人看来，未升职的老员工已经完全停止了成长，创造的价值也不如少数顶尖员工那么多，于是就不愿再为他们投入精力，更不会考虑他们的感受

◎ 保护未升职老员工的积极性

未能得到升职机会的老员工，是公司里最容易被忽视的群体。毫无疑问，他们没有太大的提升空间，不算是优质的人力资源。但这样的人在组织中的数量十分庞大。每个未升职老员工的效率稍微下降一点，公司发展就会大大放缓，甚至出现滑坡。

反之，如果能有效保护未升职老员工的工作积极性，那么团队中的大多数人都将是积极向上的。每个人只要有一点小小的进步，就能聚沙成塔，促成团队的长足进步。

由此可见，无论是积极做贡献，还是消极扯后腿，未升职老员工群体的叠加影响都是惊人的。因此，管理者千万不可放弃这股庞大的人力资源。我们要做的就是改变观念，不要只盯着顶尖员工和高水准员工。

实现这个目标的前提是，管理者能保护好未升职老员工的积极性。但只要公司还是金字塔形结构，就不可能给所有人都提供升职加薪的机会。不过，未升职老员工大多也清楚自己的发展潜力，对组织的要求不太多。他们需要的是被尊重、被期待，并且能得到组织的栽培。只要公司愿意为他们提供成长的机会，哪怕只是一点点，他们的工作积极性就能被唤醒。

◎ 年轻管理者与年长的老员工

随着社会的发展，很多传统的用人偏见正在逐步消退。像麦肯锡、华为、京瓷等知名企业都奉行实力主义的用人方针，不再论资排辈。新入职的年轻人如果表现出色，说不定就会反超自己原先的顶头上司，成为更高级别的管理者。久而久之，年轻管理者指挥年长的老员工，就会成为世界各地的常见现象。

在这样的团队环境中，那些未升职的老员工更难保持积极性。他们可能跟年轻管理者的父辈年纪相当。即便是三四十岁之间的老员工，也很难对二十几岁的顶头上司感到服气。如何让年长的老员工心甘情愿地配合年轻管理者工作，是人力资源管理的一个难点。

年长的老员工虽没得到公司提拔，但未必缺乏工作能力，丰富的行业经验构成了他们的自尊和自信。他们会对所有比自己年轻的上司抱有怀疑态度。一旦判断上司缺乏领导力，他们就会自行其是，将其架空。

在这种年龄与职权倒挂的团队中，年轻管理者能否服众，是团队能否形成战斗力的关键。这需要年轻管理者掌握更多的管理技巧，抓住年长老员工的心理特点，激发和保护其工作积极性。如此一来，他们自然会信任你，甚至化身为全力支持你的热心长辈。

善于用人的管理者,应该把团队中的老同志视为一块宝。只要将其安排到恰当的位置,制定合理的目标,经常听取他们的经验教训,多表扬他们,团队就会少走很多弯路,获得更多成绩。

> **麦肯锡人力资源管理经验**
>
> **赤羽雄二** → 麦肯锡韩国分公司创始人
>
> 在员工提交工作成果的时候,请您大力对其进行表扬。重要的是,只要是好事,无论事情有多么不起眼,都要进行表扬。比如,该员工的名字被大客户记住了,在规定时间内完成了被嘱咐的事情,把办公桌整理得干净整洁,等等,请千万不要犹豫"这点小事也要表扬他吗?"养成当场马上表扬的习惯吧。此外,在表扬的时候,千万不要夹杂着类似"这样做的话结果应该会更好"的忠告。总之,请始终彻底地进行表扬就行了。

第六章

管理平均水准的员工，提高效率是重中之重

企业中比重最大的是平均水准的员工。他们能力平平，工作积极性也一般，高度依赖上级领导的指导与栽培。然而，无论组织多么强大，不可能只靠少数顶尖员工来维持运营。麦肯锡专家指出，平均水准的员工虽然对公司的贡献不是很大，但像螺丝钉一样不容忽视。假如管理者能把他们的工作效率提高几分，就有希望把无数小改进汇集成一个大进步，让企业的整体实力更上一层楼。

增加成果和指导部下同等重要

◎ 管理现状调查

您的公司在人力资源管理方面是否存在以下现象?如果有的话,请在( )里打"√"。每空1分,总分最高5分,最低0分。得分越高,说明您的公司在人力资源管理上存在的问题越多;反之,则说明您的公司管理水平较高。

( )	1. 团队领导人喜欢单打独斗,而不喜欢与团队成员分工合作
( )	2. 团队领导人为了增加个人产出成果,不愿意花时间培养部下
( )	3. 团队领导人为了培养部下而花费过多时间,导致产出成果减少
( )	4. 团队领导人指导部下的时候缺乏耐心,导致人际关系紧张
( )	5. 团队领导人指导部下的时候过于严苛,以至于部下申请调到其他岗位

续表

问题诊断	在不少管理者心中，增加产出成果和指导部下好比鱼和熊掌的关系，两者不可兼得。因为自己的精力和时间是有限的，在指导部下方面增加投入，意味着在增加产出成果方面不得不减少投入，最终会影响自己的绩效考核。出于这种心态，管理者往往不愿去耐心地指导部下，让部下无法得到成长的机会

◎ 提高部下工作能力的必要性

有些企业管理者认为自己的工作实在太忙了，根本没有时间来细细指导自己的部下。他们判断指导部下很难起到立竿见影的效果。相比之下，还是自己集中精力多做业务更容易实现目标。这种观点在今天依然颇有市场。但它不仅会让平均水准的员工失去成长的机会，还会阻碍整个团队效率的提升。

按照麦肯锡的理念，管理者虽然有比普通员工更大的绩效考核压力，但不可放弃培养部下的职责。因为提高部下的工作能力，最终会增加整个团队的产出成果。团队中大多数人是平均水准的员工。如果每个人都多一点工作技巧，就能完成更多的任务，管理者也能更好地完成绩效考核目标。

麦肯锡公司为员工提供了多种个人发展工具。比如，为每一位咨询顾问指定发展组长。发展组长通常由公司合伙人担任，麦肯锡的合伙人大多是由优秀的咨询顾问转型而成的。这就确保每位员工都能得到良好的业务指导，养成找出问题解决方案的领导能力，最终成长为独当一面的优秀人才。

尽管其他企业的组织结构和业务类型跟麦肯锡公司有很大的差异，不适合直接照搬麦肯锡式导师制，但部门团队管理者本身可以扮演发展组长的角色，帮助自己的部下提高工作技巧。平均水准的员工经过你的悉心指导后，有可能会进化为新的顶尖员工。

◎ 明确部下的目标责任

管理者不能只向部下传授工作技巧，还要通过目标责任制来确保他们努力完成任务。目标责任制要明确责任人、考核达标条件，以及相关责任人在没完成目标时该承担什么样的责任。管理者要鼓励部下用新学到的工作技巧去落实目标责任，但在此过程中可能会遇到以下四个阻力。

（1）下级跟上级讨价还价，设法压低工作目标，减轻自己的任务量。

（2）下级对工作目标没有概念，不知道该怎么执行。

（3）下级缺乏独立思考能力，习惯于被动接受上级下达的指示，没有具体指示就不作为。

（4）下级不懂得怎样把个人目标与部门目标、公司总目标结合起来，在执行目标的过程中妨碍了部门目标和公司总目标的进度。

为了化解这些阻力，管理者应该做到以下五点。

（1）解释设置目标的好处。管理者必须向部下解释清楚，设置这些目标能给每个人和整个团队带来哪些好处。

（2）鼓励部下加强自我管理。管理者要多肯定部下取得的成绩，同时还要鼓励他们进行自我管理，主动给自己设置目标并独立思考问题解决方案。

（3）根据难易程度来推行目标。管理者应该引导部下合理安排工作步骤，根据难易程度来逐步推行目标，完成自己负责的任务。

（4）把目标和绩效考核结合起来。管理者必须告诉部下，任务目标能否按时按质按量完成，将对绩效考核有直接影响。

（5）对部下的工作提供充分的指导。部下可能对实现目标缺乏信心。管理者应该帮助下级补强短板，增加他们的信心，让他们知道自己能得到什么程度的支援。

麦肯锡人力资源管理经验

大岛祥誉 → 前麦肯锡公司咨询顾问

麦肯锡的上司绝对不会因为自己的职位高而狂妄自大、指手画脚，他们不会将自己的意志强加于人。可以说,在麦肯锡是不存在"上下级关系"的。担任上司的人,是因为他取得了相应的成果才能坐在上司的位置,自然会得到部下的尊重。为了尽可能地提高自己的项目组乃至整个麦肯锡日本分社所取得的成果,他们将激励和刺激部下发挥出最大的潜能,作为自己最优先的工作目标。上司与部下之间评价的基准只有成果。取得成果的人会被刮目相看,受人尊敬。谁也不会提及成果之外的要素。这就是麦肯锡的上下级关系。

细化时间管理，提高工作效率

◎ **管理现状调查**

您的公司在人力资源管理方面是否存在以下现象？如果有的话，请在（　）里打"√"。每空1分，总分最高5分，最低0分。得分越高，说明您的公司在人力资源管理上存在的问题越多；反之，则说明您的公司管理水平较高。

（　）	1. 团队成员普遍有拖延症，几乎很少有人能按照计划的工期完成工作
（　）	2. 团队成员不善于合理安排工作，在每个环节都花费了更多时间
（　）	3. 团队成员注意力不集中，缩短了实际的工作时间
（　）	4. 团队成员在准备阶段搜集和阅读了大量无用信息，造成了不必要的时间浪费
（　）	5. 团队成员把主要时间花在不重要的工作上，导致重要工作没有时间完成
问题诊断	平均水准的员工（特别是新入职的员工）在工作效率方面通常不太高。他们既没有顶尖员工的才能，又缺乏老员工的经验。更重要的是，平均水准的员工缺乏时间管理观念，不懂得抓工作重点，也不知道怎么减少时间浪费

◎ 时间管理的要点

平均水准的员工在工作效率上比骨干员工低很多。除了能力、知识结构和业内经验等方面的差距之外,主要原因是不善于利用时间。

他们经常超期完成任务,影响整个团队的工作进度。想要解决这个问题,管理者可以从两个方面着手。

1. 给员工设置合理的最后期限

给员工设置最后期限时应该充分考虑以下6个问题。

(1)员工是否存在其他急需优先完成的任务?

(2)员工是否需要他人提供支援?

(3)团队中的哪些成员能为相关员工提供支援?

(4)员工是否明白完成任务所需的全部步骤,并且与相关人员做过沟通?

(5)员工能否避免被他人要求同时完成计划外的其他任务?

(6)员工以前设置的最后期限能够为本次行动提供什么样的经验教训?

2. 让员工养成良好的工作习惯

管理者应该督促员工养成以下5个习惯。

(1)做好充分准备,制定明确的任务清单。

（2）从最难的事开始，而不是从最简单的事开始。

（3）养成紧迫感，用秒表计算自己在每个步骤耗费的时间。

（4）养成快节奏，提高现场工作效率，能在一个小时内完成的事情不要拖到两个小时。

（5）留出弹性时间，别让工作流程过于紧张。

◎ 利用目标管理卡来强化效率观念

目标管理卡是企业常用的工作效率提升工具，它具有三个基本功能。

（1）明确目标与责任。

（2）实施控制依据。

（3）目标成功评价凭证。

每个部门和员工都可以制定目标管理卡，员工可以用它来进行自我评估，而团队领导人可利用目标管理卡来检查每个团队成员的目标执行效果。目标管理卡主要包括以下项目。

1. 目标项目

目标项目指的是该项目的内容和执行者应该达到的目标值。

2. 权限和条件

权限指的是目标责任人为了实现目标，需要领导授予的相关权力。条件是公司能为工作项目提供人力、物力、财力和信息等方面的支持，以及目标责任人对领导及合作部门提出的工作要求。

3. 工作进度

工作进度指的是目标责任人和领导经过反复讨论后一致认可的目标实施计划的进度。工作进度的期限应该根据目标的长短来安排，时间单位可以设定为年、季、月、周。

4. 自我评价

自我评价指的是目标责任人对目标完成情况和取得的成果进行自我评价。自我评价的内容主要是目标执行过程中的经验教训总结。

5. 领导评价

领导评价是管理者根据目标管理卡的要求和目标责任人的自我评价来对目标实施结果进行考核，并根据考核结果来提供意见或建议。

6. 奖惩措施

奖惩措施指的是管理者根据目标能否按时完成，对目标责任人或其直接上级在任用、职务、薪酬福利等方面进行奖惩。

目标管理卡（模板）

目标责任单位： 目标责任人： 建卡日期：	目标项目	权限	条件
工作进度（以周为单位）			

续表

第1周	第2周	第3周	第4周	第5周	第6周	第7周
自我评价						
领导评价						
奖惩措施						

麦肯锡人力资源管理经验

伊贺泰代 → 前麦肯锡日本分公司首位专职人力资源部长

至今我仍然经常使用计时器。撰写2000字的文稿耗费了多少时间，构思这段文字耗费了多少时间，早上处理邮件耗费了多少时间——将这些时间记录下来，然后追问自己：采取怎样的方式，才能将这些时间减少一半？众所周知，秒表在改善生产现场生存率的过程中是必不可少的。白领却很少使用秒表这种工具。他们普遍认为自己从事的工作不需要拿秒表来计算时间，而是需要更多的创造性。然而，事实真是这样吗？白领每天、每周、每个月要进行的重复工作难道还不多吗？

加强任务目标规划，以量化工作为本

◎ 管理现状调查

您的公司在人力资源管理方面是否存在以下现象？如果有的话，请在（ ）里打"√"。每空1分，总分最高5分，最低0分。得分越高，说明您的公司在人力资源管理上存在的问题越多；反之，则说明您的公司管理水平较高。

（ ）	1. 团队领导人只是交代任务目标和期限，其他的事情由员工自己搞定
（ ）	2. 团队领导人只是交代任务目标、期限和简要工作流程，没有明确的工作计划
（ ）	3. 团队领导人制订了工作计划，但没有把任务目标进行分解
（ ）	4. 团队领导人分解了任务目标，但没有细化工作步骤
（ ）	5. 团队领导人细化了工作步骤，却没有给每个步骤设定完成日期

续表

问题诊断	平均水准的员工通常都不擅长规划自己的工作。管理者应该用目标管理法来提高他们的工作效率。其中关键点是量化工作环节，确保每个工作步骤都能创造相应的价值。假如管理者制定的任务目标脱离了实际情况，或者缺乏可操作性，顶尖员工也许能凭借个人能力修正计划中的错误，但平均水准的员工只会陷入混乱当中

◎ 目标管理的六要素

对于平均水准的员工而言，可实现的任务目标和清晰的操作步骤是必不可少的。他们在明确的工作流程中按部就班，就可以大大提升工作效率。否则，平均水准的员工会多花几倍的精力来寻找"合理的工作流程"，在工作中走很多弯路。因此，管理者在制订工作计划之前，必须把以下六个问题考虑清楚。

1. 目标是什么

（1）确保在规定时间内高质量完成任务。

（2）确保工作进度不失控。

（3）确定具体的工作对象。

（4）确定执行方案和操作技术。

（5）理清与目标任务相关的所需物资、技术援助、质量检测、生产安全保障等问题。

2. 合理的执行时间

（1）明确目标执行的具体起始日期和结束日期。

（2）明确各阶段规定的时间内需要完成的工作任务。

（3）明确突发事件或意外情况发生时可以宽限的天数和应对措施。

3. 适宜的执行地点

（1）筛选合适的地点来开展工作。

（2）筛选合适的物资采购点，确保物资能及时安全送达公司。

（3）筛选合适的地点来储存物资、货物和设备。

4. 合适的执行人选

（1）找出操作技术最出色的人。

（2）找出当前操作最方便的人。

（3）找出对具体任务最有经验的人。

5. 执行的目的

（1）分析执行这项任务的必要性和意义。

（2）分析执行这项任务是否符合市场的需求。

（3）分析执行这项任务能否为公司带来足够的收益。

（4）分析客户能否迅速接受我们的执行成果。

6. 怎样执行

（1）确定最省时省力的工作方法。

（2）确定最能降低失误率的工作方法。

(3)确定最经济划算的工作方法。

◎ **量化工作的办法**

统筹安排每个成员的工作是团队管理者的基本职责之一。工作计划制订水平直接反映了管理者的统筹能力。没有经过量化的工作计划都不具备可操作性。为了更好地量化工作环节,我们应该遵循管理学大师彼得·德鲁克提出的"可衡量三原则",其具体内容如下。

1. 可量化者全部量化

凡是可以量化的目标,都应该用数字指标来衡量,比如产品销售额、计划完成进度、原材料合格率等指标。我们可以把量化指标分为三类,具体内容见下表。

时量指标	用于量化时间要素,包括期限、天数、及时性等
数量指标	用于量化数量要素,包括产量、次数、频率、销售额、利润率、支出费用等
质量指标	用于量化工作质量,常以百分比或次数的形式出现,包括满意度、通过率、达标率、投诉率等

2. 不可量化者要设法细化

如果遇到难以用精确的数字指标来量化的工作,就尽可能地细化评价标准。而且这些评价标准最好能形成一个体系，让管理者能够比较准确地衡量各项工作的进度。

3. 不能细化者要设法流程化

对于那些既不能量化又不适合细化的工作，管理者应当设法使其流程化，通过检查工作流程中各环节的完成状况，同样可以把握每个人的工作进度。

麦肯锡人力资源管理经验

安宅和人 → 麦肯锡研究小组亚太地区核心成员

如果遇到无法问人的问题，或独自一人不能顺利解决的时候，该怎么办？答案是"当期限将近，如果解决方案还没有眉目的话，就要快速干脆地放弃那个办法。"无论是谁，都有自己偏好的做法或办法，不仅可靠，而且通常由于已经很习惯，因此用起来速度也会比较快。尤其是在该办法是由自己或自己所在的团队发明出来的情况下，人出于天性，一定会希望尽可能坚持甚至拘泥于这种办法。可是，若是没有限度地坚持，将会成为我们分析和验证的绊脚石。无论是多么惯用的办法，当你知道运用此法不能得到结果时，都必须快速干脆地放弃。

做好业务区分,简省不必要的工作

◎ 管理现状调查

您的公司在人力资源管理方面是否存在以下现象?如果有的话,请在( )里打"√"。每空1分,总分最高5分,最低0分。得分越高,说明您的公司在人力资源管理上存在的问题越多;反之,则说明您的公司管理水平较高。

( )	1. 员工每天都要进行大量费时费力却又不产生价值的不必要工作
( )	2. 由于临时安排的杂活过多,员工很难集中精力去完成主要任务
( )	3. 员工时不时会接到原本不属于自己本职岗位的临时工作
( )	4. 员工被派去做效率难以提升且价值不大的任务
( )	5. 管理者没有区分业务的习惯,导致大量没有价值的工作被保留下来
问题诊断	如果工作安排不当,平均水准的员工就不得不把大量精力浪费在低价值的任务上,导致工作效率进一步降低。而那些没有价值的工作之所以还留在工作内容清单上,主要是因为管理者没有根据公司的发展情况来重新梳理自己的业务,只是在按部就班地执行已经滞后于形势的工作内容

◎ **工作繁重的主因：非必要业务过多**

如果每个员工都觉得工作特别忙，说明团队现有的人手不足以完成任务。尤其是那些处于上升阶段的企业，发展十分迅速，业务量与日俱增，团队根本忙不过来。

解决这个问题的思路有很多，如让每个员工多加班，招聘新的正式员工，临时借调其他部门的人手，雇用一些临时工来分担部分业务。

在上述对策中，用临时工来分流任务是最不可取的。从增加劳动力的角度来看，此举跟员工加班没什么本质区别，只适合在繁忙期做应急之用。

而招聘新的正式员工不仅会增加人力资源管理开支，还得顾虑能否招到合适的人才。所以，管理者往往倾向于通过让员工加班来解决问题。但是，由于法律政策的限制，员工的加班时间是有限的，而支付加班费同样会增加人力资源管理成本。这使得团队难以实现既定目标成为普遍情况。

麦肯锡顾问在为客户调研时发现，那些时常处于繁忙状态的团队有必要重新审视自己的工作内容。问题的关键恐怕不是平均水准的员工缺乏能力，而是不必要的工作挤占了大家太多的时间，导致团队的整体效率下降。管理者应该考虑的问题是，能否去掉某些繁杂的工作，采取更高效的工作方式。

◎ 减少低价值、低效率的业务

业务区分是麦肯锡提高团队工作效率的重要方法。它定期通过减少那些低价值、低效率的业务，将不必要的工作从任务清单中剔除。每个人的工作量随之减少，从而拥有更多时间来改善工作质量。即使是平均水准的员工，也能大大提升工作效率，产出更多成果。为了实现这个目标，管理者应该从以下方面来分析工作内容。

（1）工作业务的内容是什么？

（2）工作过程中的角色是什么？

（3）完成该业务的岗位职责是什么？

（4）完成业务会使用到哪些工具？

（5）怎样使用这些工具？

（6）该业务与哪些业务存在联系？

（7）该业务与其他业务分析内容有何不同？

（8）如何完成工作目标业务？

（9）该业务会涉及哪些工作流程？

（10）完成业务的具体期限是什么时候？

（11）完成业务的标准是什么？

（12）完成业务需要哪些资源和支持？

（13）如何组织安排业务？

（14）与其他部门的合作及界限是什么？

通过分析这些内容，管理者就能比较清楚地判断每项工作业务的价值，需要耗费多少力量去完成。需要注意的是，有些业务可能产生过巨大的价值，后来因为市场变化和公司战略转型而渐渐变得不那么有价值了。

管理者很容易延续惯性，继续把这些业务视为重要任务来做。虽然完成这些工作比舍弃这些工作带来的价值稍微多一些，但如果其他业务能创造更多价值，就应该将其置换掉。别再让平均水准的员工为此付出太多心血。

麦肯锡人力资源管理经验

伊贺泰代 → 前麦肯锡日本分公司首位专职人力资源部长

想要革新，团队首先要有充分的准备时间。在轻视生产率的团队中，员工们被强制要求进行长时间的加班以完成运营、杂务等工作，这让他们变得筋疲力尽，使他们失去了开发新思路的时间与资金,难以放松自己的心情。特别是在事业上升期,这类繁杂的运营工作会迅速增多。员工总是倾向于先完成必须完成的工作。如果哪个员工把堆积如山的杂务丢在一旁,花一天时间去思考革新的灵感,他多半会招致团队其他成员的不满。

减少因员工休假造成的团队效率损耗

◎ **管理现状调查**

您的公司在人力资源管理方面是否存在以下现象？如果有的话，请在（ ）里打"√"。每空1分，总分最高5分，最低0分。得分越高，说明您的公司在人力资源管理上存在的问题越多；反之，则说明您的公司管理水平较高。

（ ）	1. 管理者没有安排人手接替休假员工的工作，导致该任务处于停滞状态
（ ）	2. 由于有员工休假，整个团队的产出成果下降了一半
（ ）	3. 由于有员工休假，其他团队成员的工作一下子变得十分繁重
（ ）	4. 团队的骨干员工休假后，整个团队连基本运作都无法维持
（ ）	5. 团队的骨干员工休假，其他人的工作一塌糊涂，需要休假员工回来收拾残局

续表

问题诊断	员工休假无疑会减少现有的工作人手，让团队人均任务量增加，给团队整体效率带来损耗。但只要管理者能妥善统筹工作，就可以把这种损耗降至最低，甚至基本上没有太大影响。但很多管理者不懂得怎么调整工作规划，只是把休假员工的工作摊派给其他人。这种做法会增加其他员工的压力，但未必能保持同等的效率

◎ 协调员工休假和团队任务的矛盾

休假是劳动者依法享有的权利。带薪年假、婚假、产假、病假以及国家法定节假日让员工们大大缓解了平时积攒的压力。但与此同时，休假会减少员工的工作时间，让单位时间内的团队任务变得更繁重。任务越来越有挑战性，但员工休假的时长也在增加。特别是为公司贡献很大的杰出员工，会获得更长的带薪假期。当他们外出休假时，团队的效率会明显下降。

如果通过减少假期来保持团队效率，无疑会让相关员工心生不满，即使他们身在办公室，效率也比平时低。如果把休假员工的工作分摊给别人去完成，其他团队成员的负担就会增加，心理会不平衡。按照麦肯锡专家的经验，解决办法主要有以下三种。

1. 取消价值不大的工作

如果管理者把价值不大的工作取消，那么，每个员工的工作量就会减少，休假也不会影响团队的整体效率。即使大家要分摊休假同事的工作，增加的任务量也不太多，处于可承受的范围。

2. 给休假员工分配可以在家完成的工作

休假员工本身也很担心放假归来后跟不上大家的工作进度。其实，有些工作不必非在办公室里完成，可以在家或者在外进行。分配工作时要注意适量，以免过多挤占休假员工的精力，让假期形同变现加班。而且劳动报酬也要提前协商好。

3. 确保每个人都能做好分内工作

如果每个人都能确保自己按时按质按量完成任务，就不至于增加其他人的工作量，也能避免因休假造成的团队效率损失。我们可以用PBC制度来贯彻这个意图。

◎ 用PBC制度来提高工作效率

PBC制度，又称个人业务承诺制度，因"个人业务承诺"的英文Personal Business Commitment缩写而得名。PBC制度的操作要点是：领导者根据团队总目标把任务细分到每个员工身上，各员工再根据团队目标来设置自己的PBC计划。PBC计划通常以半年或一年为周期，要坚持以团队利益为导向，同时明确任务的权重和目标衡量标准。

1. PBC分类

PBC总体上可分为业务目标、员工管理目标和个人发展目标三类。每一类目标的针对对象不同，对不同岗位的员工有不同的要求。

业务目标	员工管理目标	个人发展目标
・关键指标KPI ・关键任务衡量指标 ・业务目标对组织建设和员工管理的要求	・年度计划中的人员管理 ・领导力素质模型 ・管理者岗位要求	・回顾业务目标 ・确定目标完成后应该改进哪些方面的细节 ・设定新目标来提升自己的能力

2. PBC考察指标

管理者必须定期检查员工PBC的执行进度，主要考察内容包括业绩完成状况、执行力度和团队精神三个方面。在PBC制度中，结果目标承诺对应了业绩完成状况，执行措施承诺对应了执行力度，团队合作承诺对应了团队精神。

结果目标承诺，即员工承诺在考核期内要完成什么样的绩效结果目标，以配合部门目标的完成。

执行措施承诺，即员工与考核组对完成绩效目标的方法及执行措施达成共识，并把执行措施视为绩效考核的重要部分，确保结果目标能够真正实现。

团队合作承诺，即员工和团队成员在交流、互动、理解和相互支持等方面做出承诺，保证团队内部人际关系融洽，保证团队绩效结果目标能高效完成。

麦肯锡人力资源管理经验

艾森·拉塞尔 → 前麦肯锡公司咨询顾问

你一周工作80多个小时,除了吃饭、睡觉、洗漱,没剩下多少时间做其他事了。如果你想要拥有私生活,就必须先做一些工作。不要把工作带回家,要把工作和家庭分开。如果你需要再工作一小时,就在办公室工作,这远比回到家却因为自己还有工作而冷落孩子要好得多。家是一个可以做回自己的地方。如果你要在周末出差,需提前做好计划,这就是最重要的一条规则。不要周五晚上从机场回来还想让员工周末为你工作。出差的时候,就别挂念什么了,尤其是一个人的时候。如果你不想只是看书,就事前做好计划。

鼓励技能经验交流，形成高效工作指南

◎ 管理现状调查

您的公司在人力资源管理方面是否存在以下现象？如果有的话，请在（　）里打"√"。每空1分，总分最高5分，最低0分。得分越高，说明您的公司在人力资源管理上存在的问题越多；反之，则说明您的公司管理水平较高。

（　）	1. 团队成员之间各自为战，也很少跟团队负责人进行沟通
（　）	2. 团队成员之间各自为战，每个人只跟团队负责人保持单线联系
（　）	3. 团队成员之间很少交流工作心得，没有互相帮助的意识
（　）	4. 团队成员的竞争意识过剩，生怕分享经验会被别人超过
（　）	5. 团队成员虽然愿意交流业务方法，但相互之间谁也不服谁
问题诊断	平均水准的员工需要向能力出众的顶尖员工或经验丰富的老员工学习，提高自己的业务水平。但并非每个平均水准的员工都有这样的积极心态。而团队领导人又没有带头分享经验的习惯，默许团队保持一盘散沙的状态。这就使得平均水准的员工即使想学习进步，也没有相应的机会

◎ 培养团队成员的经验交流意识

平均水准的员工在工作技能上存在各种不足,所以工作效率相对一般。他们可能缺乏天赋,难以创造性地解决问题,也可能具备不俗的成长潜力,只是缺乏经验,需要一个积累过程。假如能给平均水准的员工提供更多的技能培训,他们是完全可以提升工作效率的。

遗憾的是,多数公司的培训重理论而轻实战,与实际工作内容脱节。而且团队成员往往各自为战,没有相互学习的意识,更不愿意交流工作心得。在这种氛围下,只有少数天赋过人、善于思考总结的顶尖员工能破茧而出,大多数员工很难有效提升个人能力。

想要改变这个局面,最有效的办法是让团队成员学会经常交流工作心得,共同探讨,共同提高。不过,培养这种意识并不容易。有的员工害怕自己的经验被学了去,就难以保持个人竞争力;有的员工担心自己的方法太笨拙,遭到其他人的嘲笑;还有的员工不想得罪同事,明明意识到对方的工作方法存在问题,也不敢指出来。这些心态都会阻止团队内部的经验交流,从而降低所有人的成长速度。

麦肯锡提倡开诚布公的团队沟通原则。无论职务、资历和能力高低,全体团队成员都畅所欲言,并认真听取其他人的意见。即使存在不同看法,也能求同存异,不会记恨他人。这种工作氛围对平均水准的员工非常有益。

◎ 把高效工作方法模板化

团队内部经验交流的最终目的是把高效工作方法模板化。顶尖员工把自创或学到的高效工作方法分享给其他同伴。那些平均水准的员工放弃原先的低效工作法，按照这个高效工作模板来作业，办公效率将会得到显著提升。

在实际操作中，制作高效工作模板的难点主要有两个。

1. 分享经验技巧的顶尖员工只善于做事而不善于教人

顶尖员工在思考力、判断力、观察力、学习力等方面比平均水准的员工强很多。在教人时会按照自己的条件去要求别人。殊不知，这些要求已经超出了平均水准员工的能力范畴。这就会导致平均水准的员工因迟迟无法掌握技能而失去信心。

2. 部分顶尖员工害怕自己的"绝招"外泄会降低自己在团队中的重要性

只有不思进取的人才会担心这种事。因为，即使按照高效工作模板来做事，平均水准的员工也只是按部就班，很难像顶尖员工那样举一反三。况且，制作高效工作模板的顶尖员工，已经成为其他团队成员的指导老师，在团队中扮演着更加重要的角色。

总之，管理者应该在团队中塑造一个积极学习的氛围。每个成员共享情报，交流经验，推出一个个高效工作模板。平均水准的员工不断改进自己的短板，减少费力不讨好的行为。这样，整个团队的效率和凝聚力将会芝麻开花节节高。

> **麦肯锡人力资源管理经验**
>
> **高杉尚孝** → 前麦肯锡公司咨询顾问
>
> 如果执行团队的能力不足，没时间学习必要的知识与技能，那么就只得配合他们的执行能力，修正解决策略。这才是明智的做法。即便解决策略再怎么完美，假如实施率过低，效果必定不好。即使是100分的实施方案，如果只做到两成，效果也只有20分。所以，必须衡量执行团队的能力，把实施方案的满分降到70分，如果实施了九成，那么效果就有63分，实质上增加了43分。从现实层面来说，与其追求完美的解决策略，倒不如把目标放在实质的效果上。

第七章

甄别团队成员类型，用对人才能做对事

团队成员的个人工作风格如何？团队成员之间如何相处？团队成员各自的职责是什么？每个团队成员如何开展工作？这些问题对团队管理至关重要。按照麦肯锡的理论，团队成员包括模范者、高成本生产者、乘客、减损者等类型，这四个类型又可细分为八种职场角色。管理者应该明确自己在每一种人身上投入了多少领导力资本。这对提高你的工作效率和实现人力资源的优化配置都大有裨益。

模范者：驱动团队前进的发动机

◎ 管理现状调查

您的公司在人力资源管理方面是否存在以下现象？如果有的话，请在（　）里打"√"。每空1分，总分最高5分，最低0分。得分越高，说明您的公司在人力资源管理上存在的问题越多；反之，则说明您的公司管理水平较高。

（　）	1. 您不断给模范员工增加工作，而不考虑他们手中的活是否已经太多
（　）	2. 您认为模范员工做事很有自觉性，不需要什么激励
（　）	3. 您对其他员工多有鼓励，但对模范员工要求严格且极少表扬
（　）	4. 您认为模范员工肯定会一直干下去，因此不太注意挽留
（　）	5. 您一味地要求模范员工不断刷新业绩纪录，而不考虑他们的难处

续表

问题诊断	模范员工从各方面来说都称得上是理想型员工。但管理者也因此容易把他们当成超人来使唤，让他们承担着团队中最沉重的压力。模范员工也是人，同样有自己的利益诉求和情感诉求，对工作压力的承受力也存在一定的极限。如果管理者在这些方面照顾不周，模范员工就会感到不满，从而导致工作效率下降

◎ 麦肯锡管理案例：这就是模范者

艾琳加入你的团队已经一年了。当初她在面试中给你留下了很好的印象，尽管不是面试成绩最优秀的人，但已经足以让人期待。艾琳入职后很快就熟悉了各项工作流程。可贵的是，她还会从同事的抱怨中找出现有流程里存在的问题，将其记录下来并向团队负责人提出了不少改进建议。

在接下来的日子里，你发现艾琳的工作效率很高，质量也很有保证，原先的短板正逐渐消失。她总结了一套有效的工作方法。你对她的举一反三非常满意，并建议其他团队成员向她学习。

其他团队成员都喜欢这个热情开朗、充满干劲的小姑娘。当别人遇到麻烦时，她总是第一个提出帮忙，并借此机会学习其他业务知识。团队的整体效率因此提升，人际关系也变得更加融洽。每个人都感觉与她一起工作很开心。而你也惊奇地发现，艾琳在不知不觉中成了团队中不可缺少的重要角色。

你已经意识到，艾琳身上具有很好的领导潜质，是公司里冉冉升起的新星。这是麦肯锡最看重的东西。你开始考虑把她提拔到一个更重要的岗位上。而与你平级的其他团队负责人，也想把艾琳从你的团队中挖走。好在艾琳对你率领的团队最有感情，还是希望在你的指导和鞭策下茁壮成长。

◎ 模范者的两种类型

模范者是团队中的明星，是最令人喜爱的"顶尖员工"。管理者不需要操太多心，就能从他们那里得到优异的成果。他们有很强的独立工作能力，态度积极，质量过硬，效率极高，且遵守公司的规章制度。毫不夸张地说，模范者是团队的发动机，其工作表现决定了整个团队的产能和成绩。

根据入职时间的不同，模范者可以分为两大类型：冉冉升起的新星和领域大师。前者是初始版的模范者，后者是自身模范者。如果得到充分的栽培和保障，冉冉升起的新星终有一天会成为某个领域的大师。

无论是哪个类型的模范者，都很热爱并擅长工作，你完全不用担心他们缺乏干劲。如果有提拔的机会，他们是你第一个想起的人。你最不愿意看到的就是他们离你而去，会千方百计地留住他们。当然，你也会心甘情愿地支持他们往更高的职务发展，并为自己能培养出如此优秀的人才而感到自豪。

不过，你要注意让模范者对现在的工作感到开心，不要因为他们的自我管理能力很强就疏于维护，把他们所做的一切贡献都视为理所当然。你还要避免给模范者增加过多的工作。他们固然有能者多劳的觉悟与本领，但终究也是凡人，不能把他们当成超人使唤。否则，压力过载的模范者也会心生不满，从而影响其工作积极性。

麦肯锡人力资源管理经验

赤羽雄二 → 麦肯锡韩国分公司创始人

能力强的员工就算领导放手不管，也能按自己的方式做出令人满意的结果。这对想要一心钻研自己手头工作的上司来说是求之不得的。但能力强的员工对团队不一定能起到加分作用。他们被周围的人捧得飘飘然后，就会变得过于自信。看不起同事，也不听您的指挥，认为"这个部门都是由我在撑着"，态度傲慢，让周围人困扰不已。在他们变成这样之前，您作为部门管理者，必须切实采取一些办法来预防这种情况的发生。

高成本生产者：在完成任务的同时制造麻烦

◎ **管理现状调查**

您的公司在人力资源管理方面是否存在以下现象？如果有的话，请在（　）里打"√"。每空1分，总分最高5分，最低0分。得分越高，说明您的公司在人力资源管理上存在的问题越多；反之，则说明您的公司管理水平较高。

（　）	1. 您觉得团队里有些人的能力达不到要求，但离开他们又无法完成任务
（　）	2. 您希望他们的工作效率能更高一些，不要做画蛇添足的事
（　）	3. 他们在工作中时不时会制造一些麻烦，让您不得不费功夫去解决
（　）	4. 他们虽然能做出有质量的成果，但花费的时间往往超出预期
（　）	5. 他们虽然能做出有质量的成果，但花费的成本往往超出预期

	续表
问题诊断	这种团队成员就是让团队领导人又爱又恨的高成本生产者。他们的能力、积极性和自觉性均不如模范者，但通常都能达到岗位需求，贡献了大量产出成果。高成本生产者很少能漂亮地完成任务，可能让管理者被迫亲自操刀解决麻烦，大大增加了团队管理的成本

◎ 麦肯锡管理案例：这就是高成本生产者

亨特的经验丰富，能力也很强，能按时完成并取得良好的成果。他是你团队中执行力最强的人之一。无论你分配的任务有多难，亨特都能把它完成。对于这点，你从来都不担心。但有件事一直让你很头痛，那就是亨特会耗费你很多的时间和精力。甚至可以说，团队中的任何人都不像他那么让你操心。

你对亨特的各种要求，他都能很好地完成。但是，你没有做出指示的事情，他不会主动去做，也不会主动去想。假如你在他负责的领域看到了一个很好的机会，绝不能直接让他自己去琢磨。亨特缺乏你的远见，需要你给他解释这件事为什么值得他付出心血。而且在他按照你指定的方向努力后，你不得不一直带着他走。一旦你没有新的指示，他就会停下来，不知该如何是好。

亨特每次遇到问题时，都会找你来拿主意。他几乎每天都需要你的鼓励和正面反馈，只要完成了一项哪怕是微不足道的工作，都会马上汇报，以求得到你的嘉奖。你希望亨特能更加独立一些，像模范者一样自己管理自己，不要过多依赖你的指挥。尽管你多次表达这个期望，但亨特还是无法改变习惯。

◎ 高成本生产者的两种类型

在团队中，高成本生产者输出的成果仅次于模范者。如果他们离开了，你的团队将减少大量高质量的成果。但他们会产生很高的成本，消耗团队管理者很多精力。因为高成本生产者非常依赖领导，经常要上司帮自己解决困难，或者收拾他们留下的烂摊子。这让你对他们爱恨交加。

根据工作作风的差异，高成本生产者可以分为两种类型："嘎吱响的轮子"和"压路机"。

前者的特点是过于频繁地找你请示和帮忙，需要你的持续照顾，否则无法确保出成果。后者虽然工作能力很强，不依赖你的指导，但其他团队成员会向你抱怨这个人非常难以相处，而且你不得不为他们闯下的祸做大量善后工作。

高成本生产者不仅在给你增加成本，给自己增加成本，还可能因为制造过多成本而拖了整个团队的后腿。你为他们投入的精力越多，分配给其他表现不佳的团队成员的精力就越少。很多应该进行的工作就无法开展了。

管理者要想办法降低自己在高成本生产者身上投入的成本，降低他们的破坏性。高成本生产者本身也是不错的生产者，只要能有效降低他们制造的成本，就能让团队的整体生产效率获得大幅度提升。

麦肯锡人力资源管理经验

赤羽雄二 →麦肯锡韩国分公司创始人

失败的经历会让员工丧失自信，多次之后甚至可能对员工造成精神创伤。不让员工有挫败感，带领并陪伴员工一起走到目的地，这正是做领导的责任。很多管理者认为"从失败的教训中也可以总结很多经验"，但是成功的体验才能有效提升员工的自信心和工作干劲，才能促进他们的成长和进步。在频繁而细致地确认每一次工作成果时，管理者都可以及时修正错误，并把员工往理想的结果上引导，从而可以有效避免失误和失败，也不会浪费自己和员工的时间。

乘客：贡献成果与消耗成本不相称

◎ 管理现状调查

您的公司在人力资源管理方面是否存在以下现象？如果有的话，请在（ ）里打"√"。每空1分，总分最高5分，最低0分。得分越高，说明您的公司在人力资源管理上存在的问题越多；反之，则说明您的公司管理水平较高。

（ ）	1. 团队里有的员工虽然不给您添麻烦，但也没有什么拿得出手的工作成果
（ ）	2. 当您希望大家群策群力解决某个问题时，他们也不积极参与
（ ）	3. 他们的能力平平，工作态度也比较消极，做一天和尚撞一天钟
（ ）	4. 由于他们的工作质量不高，团队中其他成员不得不经常帮忙收拾残局
（ ）	5. 当您指出他们的问题时，他们会找各种各样的借口来拒绝改变

续表

问题诊断	这样的员工被麦肯锡、贝恩的咨询公司定义为"乘客"。他们一点都不喜欢自己的工作,也没有什么事业心,只是为了拿工资养家糊口而待在这里。对于乘客型员工来说,多一事不如少一事,他们不想为任务目标付出太多心力,只要不是会被裁员的垫底者就行了

◎ 麦肯锡管理案例:这就是"乘客"

在你为各个团队成员写人事评估鉴定时,发现波莉最大的亮点竟然只是按时上班。如果要说她给你留下什么印象的话,你首先想到的是"她从来不惹麻烦"。波莉不是一个难相处的人。她不会让别人生气,也不会拿自己的问题去麻烦别人。开会时几乎不怎么发表意见,平时也没太多的存在感。

你找波莉谈话时,会发现这个一对一的谈话很难进行下去。要不就是你一直在讲,她只是默默地听着。要不就是她给出一句简单而没什么内容的答复,然后陷入冷场的尴尬。尽管波莉不难相处,但也不容易沟通。

波莉对团队究竟做出了什么积极贡献,你并不清楚。她不是你招来的员工,你事前不知道她是这种类型。你也不清楚她最初应聘的是什么岗位,因为她工作上没有什么显眼的成果,也没有主动提出过什么建议。

当你打算安排一个人去执行某个任务时，不会让她去。因为你会花费很多的时间和精力去向她解释你的意图，而检查她的工作进度同样需要耗费你大量的时间和精力。为此，你总是觉得让别人去做这件事，或者自己动手，都会更有效率，更加省心省事。

波莉虽然是团队中的一分子，但你完全感受不到她为公司的进步付出过什么努力。你很清楚，她在用自己的低效率迫使你不要给她安排工作，以便更轻松地活着。

◎ "乘客"的两种类型

尽管"乘客"在你的团队中占有一席之地，领着公司发放的薪水，但他们不会给团队带来多少成果，也不打算为组织做多少贡献。他们唯一的优点是不会给管理者制造太多麻烦。单就这点来看，"乘客"比高成本生产者让你省心多了。但是，你强烈地意识到，他们的存在阻碍了你的团队充分释放潜能。

"乘客"生产不出你需要的东西，却占用了人力资源管理成本。如果你能找到一个具有更高产出能力或者工作态度积极的人，就会想着把"乘客"换掉。你最反感的是，"乘客"混日子的态度给团队成员们树立了一个不好的榜样。他们降低了工作标准，也影响了其他人的工作动力。

"乘客"按时打卡上下班,却留下很多没完成的工作。其他人会抱怨你最终把"乘客"留下的工作转交给他们去做,但你也很无奈,因为你明白"乘客"无法确保任务顺利完成。

根据对工作投入程度的差异,"乘客"可以分为两种类型:偷渡者和兜风者。

偷渡者极其讨厌工作,只是为了领工资而忍受着。他们会想方设法地逃避自己的工作,用尽你想得到和想不到的办法混日子。兜风者虽然会参与整个工作,但并不喜欢你交代的任务。他们总是想做别的事情,用各种各样的借口来逃避主要任务,却会提出一大堆有趣但未必有可操作性的奇思妙想。

无论哪一种"乘客",你都要设法让他们学会对工作负责,督促他们完成工作,不要让别人替他们完成本该由他们自己完成的任务。尽管你不可能期待"乘客"能输出多少成果,但至少要让他们的工作对得起工资。

麦肯锡人力资源管理经验

赤羽雄二 → 麦肯锡韩国分公司创始人

如果有工作能力欠佳的员工加入自己的团队,您会怎样处理呢?有的领导可能会认为这样的员工根本派不上用场,就只让其处理杂务;有的领导可能会不给员工任何具体工作并让其他员工照顾好他；还有的领导可能会对其进行强权干扰并将其清理出自己的团队。当然，与之相对的，也有的领导会负起责任，从零开始锤炼和栽培这样的员工。对能力欠佳的员工是该放弃还是该帮助？在决定之前，希望您先深入思考一下这位员工的能力为什么会欠佳。

减损者：降低团队效率，增加管理成本

◎ 管理现状调查

您的公司在人力资源管理方面是否存在以下现象？如果有的话，请在（ ）里打"√"。每空1分，总分最高5分，最低0分。得分越高，说明您的公司在人力资源管理上存在的问题越多；反之，则说明您的公司管理水平较高。

（　）	1. 有些员工根本完不成自己的工作，但因为种种原因也没法直接解聘
（　）	2. 由于他们的存在，团队的整体效率变得非常低
（　）	3. 团队中其他成员不得不承担起他们完不成的工作，人人心情不愉快
（　）	4. 他们给您带来了很多压力，您不得不花很多时间督促他们做事
（　）	5. 您希望他们能再努力一点，或者想把他们调出团队，但狠不下心把问题说开

问题诊断	按照麦肯锡和贝恩等公司的观点，这种拖团队后腿的员工就是减损者。减损者可能确实缺乏胜任工作的能力，可能是态度过于消极，也可能是没有找到合适的岗位。无论哪种情况，减损者都是最让管理者操心和头痛的团队成员。为了整个团队，管理者必须主动处理减损者

◎ 麦肯锡管理案例：这就是减损者

费利西娅有着出色的技术能力，于是你把她从业务岗位提拔到管理岗位，让她负责一个新组建的项目团队。大家都看好她，但她担心自己不具备岗位需要的业务知识，可能会把事情搞砸。随着时间的推移，你惊讶地发现费利西娅不再是人们心目中的优秀员工，反而得到了"能力太差"的风评。

比如，你安排费利西娅做一个预算，却发现她犯了很多低级错误，你不得不手把手地教她怎么改正。尽管如此，她此后还是做得不理想，那些原先人事评估不如她好的员工，在这方面居然远远超过了她。

你对此感到不解。你相信她是一个有才能的人（否则也不会提拔她了），认为她就算此前没有学过这些基础知识，也应该比其他员工更容易上手。可铁一般的事实让你不得不承认，费利西娅确实不擅长做项目管理和带团队的工作。

她并不是不努力,你已经多次看到她为弥补自己的短板所付出的汗水。这使得你一直不忍心过多责备她的失误。你曾经期待她能突破瓶颈,成长起来。可到头来,你只好在人事评估上写下"费利西娅是个优秀的技术人员,但缺乏管理才能"。

最终,你解除了她的职务,让她重新回到技术岗位上去。不料,费利西娅很快又大放异彩。你不禁反思,自己此前做了个草率的决定,差点扼杀了一位优秀的员工。

◎ 减损者的两种类型

在你的团队中,所有的人都知道,减损者完不成自己的工作。当团队出了什么问题时,你会第一时间怀疑是减损者惹的祸。他们耗费了你过多的时间和精力,让你的工作压力剧增。

更糟糕的是,减损者不仅自己表现差劲,还会让整个团队越来越退步。每个成员都不得不分出精力来解决减损者无法完成的任务。团队效率严重下降,人人都对减损者怒目相向。假如不采取果断措施,减损者可能会毁掉你的团队,甚至你的事业。

根据工作态度和能力类型的差异,减损者可以分为两种类型:"圆凿方枘"和懒人。

"圆凿方枘"会为自己的糟糕表现感到自责,非常努力地改变这种窘境,但收效甚微。其实,他们并非没有能力,而是能力特点与岗位要求不匹配,导致表现不佳。懒人则不同,他们本身具备做好工作的能力,只是单纯地不想干活而已,比混日子的偷渡者更加消极。

当你的团队出现减损者时,必须马上采取措施。或者令其提高能力,或者重新调整岗位,或者直接将其从队伍中移除。最好是在两三个月之内解决问题。时间拖得越久,减损者对团队的负面影响越深,甚至会导致每个人都无法正常完成工作的恶果。

麦肯锡人力资源管理经验

赤羽雄二 → 麦肯锡韩国分公司创始人

作为社会人,对自己不太喜欢的对象也要做到能够良好沟通,灵活应对。作为管理者,也是一样。所谓不讨人喜欢的员工,不仅仅是因为性格原因不讨人喜欢,可能因为上司明明想更多提醒一下这些工作能力不足的员工,却又担心直截了当地提醒可能会让他们想太多,变得情绪低落。这样的员工常常让管理者感到难以应付。虽然管理者必须对每位员工都一视同仁,但这必须是在充分了解自己和每位员工的关系之后才能做到。面对不太讨喜的员工,必须打起精神有意识地、更加谨慎地去接触。

如何管理团队中的八种角色

◎ 管理现状调查

您的公司在人力资源管理方面是否存在以下现象？如果有的话，请在（　）里打"√"。每空1分，总分最高5分，最低0分。得分越高，说明您的公司在人力资源管理上存在的问题越多；反之，则说明您的公司管理水平较高。

（　）	1. 不懂得什么是团队中的八种角色
（　）	2. 虽然知道这八种角色分别是什么，但无法与现有员工对号入座
（　）	3. 虽然知道团队成员分别是哪一种角色，但不知道该怎么管理他们
（　）	4. 管理团队成员的方式简单粗糙，并不会根据每个人的特点来调整策略
（　）	5. 可能会把一种角色的管理技巧错用在另一种角色身上

续表

问题诊断	造成这种局面的主要原因是管理者的工作思维过于粗放，以为管理就是"胡萝卜加大棒"，只要做好一赏一罚就行。但如今的员工普遍有很强的个性，需要采用细腻而灵活的管理方式，才能赢得他们的信赖和支持。团队领导人应当认清自己的同伴们在团队中扮演着怎样的角色，然后再根据每种角色的特点来进行精准的管理，这样才能把整个团队的工作盘活

◎ 八种团队角色的管理方法

前面提到的模范者、高成本生产者、"乘客"和减损者又可以具体划分为八种团队角色。每一种团队角色的属性各异。他们希望上司在某些方面多支持自己一点，又不喜欢在另一些方面过多被关注。如果不能准确抓住其需求特点，团队领导人的管理方式很可能会失效。接下来，我们将逐个分析每种团队角色的管理要点。

1. 冉冉升起的新星型员工

管理要点：用心栽培。

新星型员工无疑是很让管理者喜欢的类型。但有一点你必须明白，他们的成长潜力极大，不会一直待在当前的岗位上。你要成为新星型员工的导师，为其制订职业生涯规划，帮助他们设置合理的个人发展目标，掌握各种工作技能，为下一次岗位调整做准备。

注意！你不能扼杀新星型员工的成长机会。他们刚入职时的干劲，都是为了争取更好的发展机遇。当他们熟悉业务后，你可以赋予他们一定的自主权，不断发掘其潜力。他们可能会成为你理想中的接班人。

2. 领域大师型员工

管理要点：做好后盾。

毫不夸张地说，领域大师型员工是最让领导省心的团队角色。他们不需要太多督促就能独立完成任务，会取得令人惊喜的成果。他们还会主动帮助其他团队成员，提高整个集体的工作效率和工作质量。

你要做好领域大师型员工的坚实后盾。给他们比较大的自主权和宽松的环境，提供他们想要的一切资源，帮他们顶住各种压力，排除前进的障碍。领域大师型员工能力虽强，但同样会遇到自己的瓶颈。这时候，你的信任、支持和肯定，都会令他们万分感激，努力创造更多成果。

3. 压路机型员工

管理要点：减少摩擦。

压路机型员工是一种高成本生产者。他们同时兼具很强的工作能力和令人不敢恭维的行事作风。团队中大部分成员都不喜欢他们，也无人愿意与其组成搭档。虽然这不会让压路机型员工丧失令你满意的产出效能，但是你不得不为团队内部与日俱增的矛盾而倍感头疼。

管理者不能每次都替压路机型员工收拾烂摊子，那样会阻碍他们的成长。你要让压路机型员工意识到自己给别人造成了多大的麻烦。搜集各方的反馈意见，罗列有说服力的证据，教会他们怎样处理自己留下的麻烦，减少跟队友们的摩擦。当他们学会从一开始就减少不必要的麻烦时，将取得更大的成就。

4. 嘎吱响的轮子型员工

管理要点：心理断奶。

这种类型的员工经验丰富，执行力很强。只要你做出了指示，他们就会一往无前地完成工作。你不必担心他们不能按时完成繁难的工作，但与此同时，你意识到他们耗费了你太多的时间和精力，事事都要请示，让你来做决断。假如你让嘎吱响的轮子型员工自己做决定，他们就会迷失方向。

你要做的是帮助他们实现心理断奶，不再依赖你做出决定，不再只是跟着你的脚步走，而是学会自主工作。为此，你要教会他们全套工作技能，然后限定他们找你请示的时间和次数。否则，你不得不准备随时与嘎吱响的轮子型员工讨论工作，使自己的时间利用率越来越低。

5. 偷渡者型员工

管理要点：督促参与。

偷渡者型员工不难相处，不会给你和其他团队成员制造麻烦，也不会对团队工作做出积极贡献。即使你找他们进行一对一的谈话，他们依然不会产生什么工作热情。你会觉得与其向他们耐心解释工作要点，还不如找别人来做或者自己动手来得轻松。

偷渡者型员工一直在团队中混日子。你要做的是不让他们躲避工作。首先，要跟人力资源管理部门的同事一起重写关于该岗位的工作描述，明确偷渡者型员工应该负责哪些工作。接下来，你要给他们制定具体的目标和完不成目标的责任，定期检查并给出书面指示（包括批评）。这无疑会引起偷渡者型员工的不满。假如他们还稍微有点责任心，就会逐渐学会对自己的工作惩罚。假如他们依然故我，你也有充分的理由将其调离自己的部门团队。

6. 兜风者型员工

管理要点：重新聚焦。

兜风者型员工非但不像偷渡者型员工那样躲避工作，反而充满了工作热情，总是热衷于提出各种各样的想法。然而他们的想法要么跟团队任务无关，要么缺乏可行性。兜风者型员工能完成自己的工作，同时又会去尝试自己的想法。当他们去做额外的事情时，其他团队成员就被迫增加了工作量。而且，同事们发现与他们争论，不如直接做他们的工作更省事。结果，其他人的工作效率因此受到拖累，而兜风者型员工对此毫无知觉。

你需要弄清楚兜风者型员工不肯把精力聚集在主要工作上的根本原因。也许他们缺乏完成主要工作的知识和经验。但更常见的情况是，他们认为自己的主要工作不如那些奇思妙想那么有趣，不想好好执行。你有必要明确他们的工作描述和核心职责，检查他们在执行过程中的时间花费清单，严格督促他们完成核心工作。

7. 圆凿方枘型员工

管理要点：补短移位。

圆凿方枘型员工会消耗你大量的时间和精力。你得反复指导他们如何完成工作，因为他们仿佛总是学不会工作技能，你不得不每次都把其工作结果从头到尾检查一遍，然后亲手订正所有的错误。其他同事经常向你抱怨，圆凿方枘型员工总是犯错或制造麻烦，让大家的工作进度受到拖累。尽管你知道他们其实一直很努力，但也无法否认他们正在破坏团队内部和谐这个事实。

管理这类员工的思路主要有两种：第一，填补短板；第二，调整岗位。假如你选择前者，就要做一个耐心的职业教练，让他们知道自己究竟在哪方面达不到你的要求，然后安排相应的强化培训，规定他们在一定期限内提升自我。做到了就万事大吉，做不到就会被调离现有岗位。如果你选择后者，就要精心挑选一个真正适合他们的岗位。圆凿方枘型员工并非缺乏工作热情，也不是毫无能力，其糟糕的表现主要是因为其能力、性格、作风与岗位需求不匹配造成的。只要解决了这个矛盾，他们同样可以成为受人尊敬的优秀员工。

8. 懒人型员工

管理要点：切断退路。

懒人型员工也许本身很聪明，是一块好料子，偏偏好逸恶劳，对工作缺乏责任心。他们喜欢对别人的工作指指点点，却很少认真完成自己的工作。这加剧了其他团队成员与他们之间的冲突。如果他们不肯改变自己，将长期止步于此。如果他们能下决心行动起来，就有可能成长为令你满意的得力干将。

管理懒人型员工是痛苦的。他们也许表面上会说"是"，背后却继续阳奉阴违地偷懒。你要告诫他们问题的严重性，在批评其缺点时肯定他们的成长潜力，然后提出一个能帮助其出人头地的完整的职业发展计划。他们只有两个选择：一个选择是按照你的要求去做，沿着这个职业发展计划逐步成长为模范员工，洗刷"懒人"的恶名；另一个选择是继续我行我素，直到职业生涯有一天被你亲手终结。这是具有高风险的人力资源投资，所以你不能让他有第三条路可走。无论他如何选择，你的团队都会减少一个拖大家后腿的减损者。

麦肯锡人力资源管理经验

迈克·菲廖洛 → 麦肯锡公司高级咨询师

在麦肯锡，项目经理会让项目组的每一名成员都了解自己在工作计划中的角色，与每一名成员讨论自己对最终产品的预期。问责制通常情况下不言自明。毕竟，每一项分析都必须有人负责，不然就没人去做。我们会探讨如何向合适的人分配适当的任务（首先要把他们纳入团队）。通常，合理的做法是，将独立的一系列分析任务（如每个子问题的分析任务）进行责任划分，但并非一定如此。

第八章
麦肯锡团队协作法,增加每个人的产出效能

人力资源管理的最终目的是让企业实现人才资源优化配置,不断解放各个部门团队的生产力。麦肯锡在为客户提供管理咨询服务时发现,不少企业的团队产出效能低于其员工真实水平的总和,完全没有发挥出团队整体配合的优势。为了解决这个问题,历代麦肯锡顾问总结出一套卓有成效的团队协作法,他们通过多种手段来减少无谓的时间浪费和资源浪费,增加每个团队成员的产出,从而提高整个团队的工作效率。

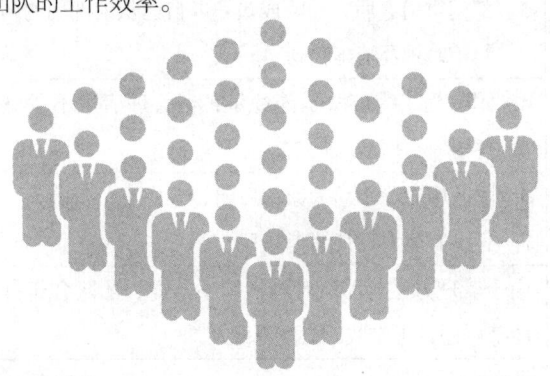

注意区分四种团队管理情境

◎ **管理现状调查**

您的公司在人力资源管理方面是否存在以下现象？如果有的话，请在（　）里打"√"。每空1分，总分最高5分，最低0分。得分越高，说明您的公司在人力资源管理上存在的问题越多；反之，则说明您的公司管理水平较高。

（　）	1. 一位有经验的管理者接手了一个新团队，但该团队成员不服管教
（　）	2. 一位新晋升的管理者要领导之前的平级同事，结果遭受排挤
（　）	3. 部门重组之后，团队成员各以自己从前部门的同事为小圈子，相互暗中较劲
（　）	4. 团队到了需要裁员的地步，但管理者下不了决心做这件事
（　）	5. 团队中有一个给大家拖后腿、工作不负责的人，但管理者没有魄力将其调走
问题诊断	由于管理方法与团队管理情境不匹配，团队合作自然也就磕磕碰碰，工作效率必然下降

◎ 认清你的团队管理情境

团队领导人要面临的管理情境往往不尽相同。如果不注意区分，就会很容易激化团队矛盾，让整个团队失去凝聚力。遗憾的是，不少管理者对此缺乏概念，只是凭借个人经验来应付问题。麦肯锡管理顾问通过调研，总结出了四种常见的团队管理情境。

1. 成熟管理者空降到一个陌生团队

这个团队可能是原本就有的，也可能是刚组建的。公司派你去管理这个团队，希望你将它盘活。你对团队中的人缺乏了解，不知道他们是什么样的人。你需要做的第一件事就是尽快熟悉团队的现状，主要包括以下几项：

（1）团队内部的人际关系如何，是否存在非正式组织（小圈子）？

（2）团队的产出能力如何，有无提高生产效率的潜力？

（3）团队中有多少模范者、高成本生产者、"乘客"和减损者？

（4）每个员工的性格、能力、愿望是怎样的？

（5）谁能为你提供有效的情报？

（6）谁能成为你工作上的左膀右臂？

总之，你要迅速对团队中的每个人进行摸底，判断这个团队的发展潜力以及你的管理重心。由于你是一个成熟的管理者，只要表现出过人的领导力，就能让团队成员信服。

2. 新晋管理者领导原先的同事

这种团队管理情境比较麻烦。你对团队的一切了如指掌，但此前跟其他成员是平起平坐的关系。如今你升职了，他们是否会服从你的指挥调度，是一个问题。你最需要做的就是完成角色转化，而他们最需要做的就是适应你们之间的新关系。

新晋管理者要在工作中树立权威，但又不能不注意团结原先的同事。如何把握这个尺度，是管理的难点。你不可以权势压人，也不要害怕他们嫉妒你，必须一面坚持制度和原则，一面保持平易近人的作风。若能秉承公私分明的态度，做到监督和激励手段并用，团队成员就会逐渐习惯把你当成领导。

3. 通过部门拆分或合并来重组团队

团队重组会打破原先的人际关系和利益关系，让员工们感到不安。来自不同部门的员工聚在一起，彼此不熟悉，缺乏工作上的默契。因此，刚重组完毕的团队不可能实现较高的产出成果。当你成为重组团队的领导人时，必须明确这一点，不能只想着出业绩，而忽略员工们的感受。

你要注意观察员工们在新岗位上的表现。有的人也许曾经很优秀，现在却水土不服，工作很吃力。有的人跟其他成员合不来，造成团队内部关系紧张。身为管理者，你不能只亲近自己原先熟悉的员工，对陌生员工也要投入足够的领导力资本，不要让员工做超出他们能力范围的事情。安抚军心，树立共同目标，合理分配工作，制定内部规则，促进沟通交流。经过这番努力，重组的团队才能完成有效整合。

4. 领导需要裁员的团队

这无疑是最严峻的团队管理情境。走到今天这一步，说明该团队积弊已久，已经沦为公司负资产，必须壮士断腕。精简团队是必需的，裁员是残酷的。作为管理者，你需要减少感情用事的心态，理性分析领导力资本和团队成员的产出情况，来确定哪些人要留下来，哪些人应该调走，哪些人必须解雇。

首先要安顿好模范者，让领域大师到最能发挥战斗力的岗位上，让冉冉升起的新星挑战一个更高的职务。接下来是高成本生产者，把"嘎吱响的轮子"型员工安排在新星手下工作，把"压力机"型员工放在一个跟别人冲突更少的岗位上。然后是处理"乘客"和"减损者"。先把"圆凿方枘"型员工调整到适合他们的位置，给兜风者安排他们感兴趣的岗位，争取找到一个能满足懒人的动机需求的岗位以刺激他们工作。

到了这一步，你的选择已经很少了。剩下的没有职务的人不是偷渡者就是懒人。把他们调离团队或者解聘，从其他团队或者公司外部招聘一个更优秀的老员工或更有潜力的新员工，都能优化团队结构。至此，团队改造工作已经基本完成，剩下的就是磨合问题。

麦肯锡人力资源管理经验

迈克·菲廖洛 → 麦肯锡公司高级咨询师

不幸的是，对于如何领导别人，我们已经形成了自己的常规习惯和偏好。并且在不同的情况下，打破这个模式是比较困难的，这些习惯导致的结果就是不管这个技巧是否适合一个特定的情况，领导者对所有团队成员都使用同一种领导方法。虽然这种方法有时候会奏效，但更多时候会使团队成员受挫，留下领导者在那思考："为什么用了'以前都有效'的方法，绩效还是没有改观呢？"为了激励绩效持续提升，领导者需要根据团队成员的需求进行领导。

领导力资本：管理者最宝贵的稀缺资源

◎ **管理现状调查**

您的公司在人力资源管理方面是否存在以下现象？如果有的话，请在（ ）里打"√"。每空1分，总分最高5分，最低0分。得分越高，说明您的公司在人力资源管理上存在的问题越多；反之，则说明您的公司管理水平较高。

（ ）	1. 不知道什么叫"领导力资本"
（ ）	2. 经常觉得自己的精力不够用，没法按计划完成日常工作
（ ）	3. 事无巨细地监督团队成员，不敢有丝毫的松懈
（ ）	4. 觉得自己的部下总是不让人省心，于是经常越俎代庖地替部下完成工作
（ ）	5. 部下总是找您来解决问题，自己却不怎么动脑筋
问题诊断	这些现象说明团队领导人投入了过多的领导力资本，因此变得身心俱疲。无论管理者的综合素质多么优秀，领导力资本都不会比其他人多太多。合理分配领导力资本是每一位管理者的必修课。有的员工值得多花心思，有的员工没必要多费精力。唯有具体情况具体分析，才能把领导力资本用在刀刃上

◎ 关于领导力资本

管理者投入的资金是可以翻倍的，时间和精力却无法增加。这是管理者们最宝贵的稀缺资源。麦肯锡把管理者用于领导团队的时间和精力称为"领导力资本"。每个管理者的才能、财力和发展平台存在差异，但在领导力资本上是天然平等的。如何把有限的领导力资本发挥到极致，决定了团队管理的效果和输出成果的效率。

很多管理者自以为的"努力"，实际上是挥霍领导力资本。他们试图用长期加班加点来挖掘领导力资本的潜力，却因此疏远了家庭，损害了自己的健康。同时也让员工们背负着巨大的压力，工作质量随着精力和士气的衰退而下降。

久而久之，员工们迟早会无法忍受，去寻找一个压力不那么大的工作。而管理者又不得不为填补岗位空缺付出更多代价——招聘和培养新员工的人力资源管理成本，以及被迫为此分心的领导力资本。

麦肯锡公司之所以能蓬勃发展，正是因为有大量挥霍领导力资本后依然事半功倍的管理者需要帮助。如何合理分配领导力资本，提高团队运营水平，是每一位管理者的必修课。周围的事情往往超出你的掌控，你唯一能做的就是把自己的时间和精力花在更有效率的地方。

◎ **弄清你的领导力资本用在哪里**

想要高效运用领导力资本,你就得先弄清楚自己平时将它用在何处。否则的话,你根本不知道自己在什么地方用力过度,对什么事情关心不足。请回顾一下这一周的工作,好好回答以下问题:

(1)你本周需要完成的任务目标是什么?

(2)你是怎么安排工作计划的?

(3)你亲自做了哪些工作?

(4)你把其他任务分配给了谁?

(5)你表扬了谁,具体是因为什么事?

(6)你批评了谁,具体是因为什么事?

(7)你帮助谁解决了他们无法自己解决的问题,用了多少时间和精力?

(8)你检查了谁的工作,为此花费了多少时间?

(9)你对谁进行了业务指导,为此花费了多少时间?

(10)你让谁重做了手头的工作,这对你的团队生产效率有何影响?

(11)谁向你请示了工作,具体是什么内容,用了多长时间?

(12)谁给你制造了麻烦,让你不得不替对方善后?

(13)是否召开了团队内部会议,讨论何事,用了多久?

（14）是否有人请假，他们留下的工作是由谁负责处理的？

（15）是否有人提出辞职，你为处理此事花了多少时间和精力？

（16）团队内部是否发生了冲突，你为平息混乱花了多少时间和精力？

实际工作中耗费你的领导力资本的琐事，只会比这更多。你要养成统计各种大小工作所花时间的习惯，据此计算出精力的分配情况。如此一来，你就能清楚地看到，自己有没有把领导力资本浪费在无关紧要的地方，而忽略了最应该关注的事情。

麦肯锡人力资源管理经验

迈克·菲廖洛 → 麦肯锡公司高级咨询师

不要完全控制把领导力资本用到何处以及如何使用，你对它的投入是由你周围的人的行为决定的。有的团队成员是有很多需求的，他们犯错误了需要你来干预，他们有冲突了需要你来调和，或者不怎么跟你提要求，你都不怎么看得到他们，以至于有的时候你都忘了还有这个人。有些人希望你忽略他们，因为你的注意对他们而言意味着更多的工作。你的老板或者组织内的其他领导可能需要你用特定的方式来使用你的时间和精力。他们可能要你去训练或指导某人。他们可能决定对你的部门进行重组或调整你负责项目的优先顺序。这些变化迫使你与不同的团队成员一起，花时间来完成新的任务。

计算领导者的投入和团队成员的产出

◎ 管理现状调查

您的公司在人力资源管理方面是否存在以下现象？如果有的话，请在（　）里打"√"。每空1分，总分最高5分，最低0分。得分越高，说明您的公司在人力资源管理上存在的问题越多；反之，则说明您的公司管理水平较高。

（　）	1. 虽然团队领导者废寝忘食，但是依然不能增加整个团队的产出成果
（　）	2. 团队领导者已经投入了很多精力来改善管理，但团队成员的工作效率很低
（　）	3. 团队领导者总是替自己的部下解决问题，导致自己没有精力做更多工作
（　）	4. 团队领导者总觉得时间不够用，却还事无巨细地管理团队
（　）	5. 团队领导者对每个团队成员的实际贡献判断有误，让他们产生不公平感

续表

问题 诊断	如果出现以上现象，说明团队领导者对领导力资本的使用不合理，没有把握好自己投入的时间和精力，也未能准确掌握团队成员的产出。遇到这种情况时，光靠努力追加个人投入是不足以解决管理问题的

◎ 三种错误的领导力投入方法

管理者们在投入领导力的问题上，远不如编制预算时那么慎重。最常见的领导力资本使用方法有三种。

1. 把领导力资本平均分配给所有团队成员

这种方法看似公平，但管理者只能得到"不偏心"的清誉，对提高团队效率并无帮助。因为团队成员的能力有区别，贡献有大小，工作态度也不尽相同。对那些奋斗者来说，管理者的"不偏心"等于是不重视自己的成果，会逐渐变得消极。

2. 把领导力资本更多地分配在需求声音最大的人身上

这个策略用互联网上流行的说法就是"按闹分配"。管理者只是在息事宁人，根本没从提高团队生产效率的角度考虑问题，本质上是"懒政"。高调的得利者实际上没太多产出成果，低调的踏实做事者却一直吃亏。一旦后者决心离开团队，管理者很快就会发现局面已经无人能收拾。

3. 把领导力资本更多地分配在更容易分配的地方

管理者只亲近比较容易出效率的特定团队成员,这个小圈子之外的人都会被忽视。从短期来看,这种做法可以增加输出成果。但管理者过分忽视其他团队成员,必将导致团队内部矛盾积重难返。

◎ 评估领导力投入的方法

管理者投入的领导力资本,本质上是为团队成员付出的"领导力服务"。按照麦肯锡和贝恩等公司的理念,管理者需要投入12种"领导力服务",可以归为四大类。

(1)指导——计划+确定优先级+协调。

(2)执行——做决定+激励+清障。

(3)输出——监督+纠正+修复。

(4)发展——培训+指导+晋升。

为了更精确地评估领导力投入情况,我们可以创建一个12种领导力服务评估表。在表格中写入每个团队成员的名字,然后根据工作情况来判断你是否需要为其提供某项领导力服务。如果需要,就在相关栏打"√";如果不需要,就空着。通过合计每个人"√"的总数,就可以清楚地看到谁需要更多的领导力投入,谁只需简单维护即可。

12种领导力服务评估表

领导力服务	员工A	员工B	员工C	员工D	员工E
计划		√			
确定优先级	√	√		√	
协调	√			√	
做决定			√		
激励	√		√	√	
清障	√			√	
监督	√	√			√
纠正	√		√	√	√
修复	√		√	√	
培训	√			√	
指导	√				
晋升					
总计	9	3	4	7	2
等级	高	低	低	高	低

◎ 怎样评估团队成员的产出

当你给员工提供了设备、物资、薪水和你的时间精力后，他们能否产出你所期望的成果呢？假如没有，说明你的团队缺乏工作效率。通过评估团队成员的产出成果，你可以弄清楚哪些员工是团队中贡献最大的栋梁人物，哪些员工的工作配不上你支付的薪水。这将帮助你改进团队管理细节，减少无效的领导力投入，提高员工的生产效率。

我们可以通过成果数量、成果质量、工作时效、士气建立、关系建立五项指标来制作一个员工产出评估表。每项指标设计相应的问题，具体如下。

1. **成果数量**

员工产出的结果跟你期望的数量相比如何？

2. **成果质量**

员工成果的质量跟你期望的质量相比如何？

3. **工作时效**

员工的工作时效性跟你期望的期限或时长相比如何？

4. **士气建立**

团队因该员工的成果提升了多少士气？

5. **关系建立**

员工与团队以外的股东和同事们的关系增进了多少？

每个问题的评估结果分为高、中、低三个档次。每个"高"得2分，每个"中"得1分，每个"低"得0分。把这些分数汇总起来，就可以计算出员工的产出成果。得6~10分的是高产出员工，低于6分的是低产出员工。以下是评估表的范例。

团队成员产出成果评估表

领导力服务	员工A	员工B	员工C	员工D	员工E
成果数量	高/2	高/2	高/2	高/2	中/1
成果质量	高/2	低/0	中/1	高/2	中/1
工作时效	中/1	中/1	中/1	高/2	低/0
士气建立	中/1	中/1	低/0	中/1	低/0
关系建立	高/2	中/1	高/2	低/0	中/1
总计	8	5	6	7	3
等级	高	低	高	高	低

麦肯锡人力资源管理经验

迈克·菲廖洛 → 麦肯锡公司高级咨询师

你可能认为自己对如何使用领导力资本有一定的控制力，但是不要自欺欺人了——你周围大部分事物都是超出你的控制的。你能够有效控制的是你对那些行为和时间的反应。你的一个团队成员喊着要你花时间来解决他的问题，并不意味着你就要把时间给他。你可以让他自己花时间来寻找解决方案并且给出最佳计划，当他完成之后，你只需坐下来和他一起审核一遍他的方案。如果他每次找你，你都帮他解决问题，你就是在培养他的坏习惯。

提高生产效率的思路和基本方法

◎ 管理现状调查

您的公司在人力资源管理方面是否存在以下现象？如果有的话，请在（　）里打"√"。每空1分，总分最高5分，最低0分。得分越高，说明您的公司在人力资源管理上存在的问题越多；反之，则说明您的公司管理水平较高。

（　）	1. 公司为了提高生产效率，不惜代价地投入资源，结果造成了大量浪费
（　）	2. 公司为了提高生产效率，要求全体员工不断加班，大家很久没得到正常休息
（　）	3. 公司希望提高生产效率，但除了压缩成本外，什么措施都没有
（　）	4. 公司希望提高生产效率，但只是为了提高产品附加价值而单纯地提高价格
（　）	5. 公司不知道该如何提高生产效率，经常召开会议讨论，但还是找不到办法

	续表
问题诊断	当上述现象出现时,说明管理者对"生产效率"的理解存在偏差。很多人以为"生产效率"只跟企业生产部门有关,提高生产效率就是削减成本。于是各种恰当的不恰当的成本削减行动就开始了。结果各部门的生产效率不升反降

◎ 提高生产效率的两种思路

把提高生产效率简单理解为增加产出成果,是一个常见的认识误区。从本质上讲,生产效率是总产出和总投入的比率,具体公式如下:

$$生产效率 = 总产出 \div 总投入$$

在这个公式中,总产出可以置换为销售额、附加价值等要素,总投入可以分解为资金、时间、劳动人数等要素。

公司让员工长期加班,固然能增加总产出,但也增加了总投入。因为员工在加班期间付出的精力,使用的设备和资源,都属于一种投入。尽管从结果上来看,公司的总产出确实更多了,但实际生产效率并没有提高。随着人力资源成本、原材料成本以及其他成本的上升,通过延长工作时间来增加总产出的模式会越来越难以为继。

其实，提高生产效率的有效思路就隐藏在上面的公式里。如果能增加公式中的分子部分（总产出），或者减少公式中的分母部分（总投入），就能让生产效率获得提升。麦肯锡专家对此给出两个忠告：

（1）不要轻易增加投入资源。

（2）应该把减少投入（削减成本）和增加产出（提高附加价值）两种思路结合起来。

◎ 提高生产效率的四种方法

公司想要提高生产效率，就应该朝削减投入成本和提高附加价值两个方向努力，改变现有的工作方式。根据改变的力度，可以划分为改良和革新两种手段。

改良是力度较小的变革，包括减少不必要的业务、制作高效工作指南、提高劳动者工作技巧等办法。革新是彻底的变革，包括采用新技术、转变思维方式、重建工作流程等办法。两个努力方向与两种变革手段的结合，为管理者提供了四种提高生产效率的方法。

1. 改良+削减投入成本

这种方法的精髓是以最小的改革来削减投入成本。通常包括以下措施。

（1）借助群组工作软件来提高多人协作时的沟通效率。

（2）通过资源、情报、数据、方法的共享来减少无谓的重复劳动。

（3）采用自动化办公技术代替人来做一些简单的工作。

（4）废除多余的工序，减少不必要的工作环节。

（5）调整工具的摆放位置，减少多余的工作动作。

采用这些方法的优点是简单、易操作、见效快、节省资源，能在短期内减轻公司的负担。缺点是对生产效率的提升有限。

2. 革新+削减投入成本

这种方法的精髓是通过全面深刻的彻底变革来削减投入成本。通常包括以下措施。

（1）引进自动化设备，用机器人代替人来完成某些任务。

（2）改变产品设计，减少生产工序和制造成本。

（3）全面革新业务流程，重新培训员工。

（4）裁撤价值不大的岗位，给臃肿机构"瘦身"。

采用这些方法的优点是能大幅度削减成本，从根本上提升效率。缺点是要舍弃很多现有的制度、业务、设备、渠道等，公司上下需要较长的适应期，可能遭到保守者的反对。

3. 改良+提高附加价值

这种方法的精髓是以最小的变革来提高附加价值。需要注意的是，这个附加价值指的是"顾客认为它所拥有的价值"。通常包括以下措施。

（1）加强技能培训，让顶尖员工把自己的"绝活"传授给其他员工，提高团队整体职业素养。

（2）改良产品的包装设计，提升产品的档次。

（3）邀请对目标客户群体有影响力的名人做品牌形象代言人。

（4）使用赠品或其他捆绑销售方式，增加产品在顾客眼中的价值。

采用这些方法的优点是对公司现有的规章制度冲击不大，手段灵活多变，效果立竿见影。缺点是对附加价值的提升幅度较小，难以取得长期效果。

4. 革新+提高附加价值

这种方法的精髓是通过全面深刻的彻底变革来提高附加价值。通常包括以下措施。

（1）使用新技术、新材料来制造产品。

（2）推出划时代的革命性创新产品。

（3）建立公司自己的大数据中心，随时掌握市场形势和客户需求的变化。

（4）改变公司现有组织形态，采用更加适应未来市场需要的灵活、精干、高效的组织结构。

采用这些方法的优点是能最大限度地提升公司的生产效率、

团队运营效率和品牌影响力。缺点是改革前期投入大，过程复杂，对人才、技术、设备、资源以及思想观念的要求较高，必然要面对强大的阻力，改革失败的风险较高。

麦肯锡人力资源管理经验

伊贺泰代 → 前麦肯锡日本分公司首位专职人力资源部长

许多白领阶层的人，总认为自己从事的工作比蓝领阶层的自由度更高，需要更高的创造力，具有更大的难度。这种毫无依据的优越感，使得在白领部门进行提高工作生产效率的培训、推行提高生产效率的新制度时，员工们往往会产生心理上的抗拒，认为一味追求效率根本无法更好地工作。然而，如何提高包括非生产部门在内的整个团队的生产效率，已经成为决定企业竞争力的重要经营课题。在不同部门工作的人，都应该理解"生产效率"的重要性。

以麦肯锡式会议促进团队沟通

◎ 管理现状调查

您的公司在人力资源管理方面是否存在以下现象？如果有的话，请在（　）里打"√"。每空1分，总分最高5分，最低0分。得分越高，说明您的公司在人力资源管理上存在的问题越多；反之，则说明您的公司管理水平较高。

（　）	1. 公司很少开会，各部门甚至团队中的各个成员平时很少沟通
（　）	2. 公司定期开会，但会议内容只是每个成员简单汇报一下工作
（　）	3. 公司定期开会，但除了领导讲话之外，其他人基本上不在会议上发言
（　）	4. 公司经常开会，但大家分歧很大，总是议而不决
（　）	5. 公司经常开会，很多员工认为这些会议已经超出了必要，只是在浪费时间

续表

问题诊断	会议效率低下，也是团队工作的一个常见弊病。开会的目的本来是解决需要协商的问题，却在协商过程中制造了新的问题。这说明管理者没有掌握科学合理的会议方式，导致会议时间过多挤占工作时间，而且无法产生有用的对策。麦肯锡式会议可以帮助我们促进团队沟通，提高团队协作效率

◎ 麦肯锡式会议的6个关键点

开会时间不应该过多占用工作时间，否则会进一步降低工作效率。可是单纯地缩短会议时间同样于事无补。开会是为了商量对策，缩短会议时间就增加了找出对策的难度。说到底，管理者要做的不是减少会议，而是提高开会效率，用最少的会议来获得最多的成果。麦肯锡式会议就是通过以下细节来提高效率的。

1. 合理布置会议环境

假如把会议主持人、主办者和与会人员的桌椅布置成面对面的形式，与会人员就会下意识地认为这场会议完全由主持人或主办者主宰，于是产生不被点名就不主动发言的念头。如果所有人围着坐，主持人和主办者分散坐在与会人员旁边，这样的会议环境将有助于促进讨论。

当会议室有大桌子时，很多人会下意识地低头看资料，这是利于传达资料信息的会议环境。如果座位之间只设几个小圆桌或者不设桌子，与会人员就会增加眼神交流，这是利于促进讨论的会议环境。

会议座席按照职务高低顺序排列时，职务较低的青年员工会变得更紧张，畅所欲言的难度有所增加。如果是按照部门来划分座位，则容易在讨论过程中形成部门对立的局面。这也是布置会议环境时要考虑的因素。

2. 明确会议目标

大部分会议的目标可以总结为以下五种类型。

（1）做出某项决定。

（2）总结问题，归纳想法，形成清单。

（3）与众人共享信息。

（4）通过讨论来说服持异议者，让他们接受结果，达成统一意见。

（5）确定下一步的工作计划，安排员工的职责分工。

无论什么样的会议，基本上都是为这五种目标服务的。在开会前把本次会议的目标明确下来，有助于提高会议效率。比如，以归纳想法为目标的会议，只是由主持人询问大家的意见，再把零零散散的意见记录下来，并不是一个有效的办法。因为很多与会人员可能事前对议题缺乏了解，提不出什么意见。

更好的办法是，让拥有不同视角的与会人员各自根据议题来制作报告和提案，分别在会议中提出来，然后大家一边讨论一边补充。这样有的放矢地讨论，更能激发与会人员的活力，归纳更多的想法。

3. 减少资料解说时间

资料解说环节在很多公司的会议中往往是耗时最长的环节之一。但麦肯锡式会议往往会把这个环节省略掉，不再由资料制作者照本宣科地向大家解说资料。取而代之的是在会前向与会人员分发相关资料，然后在会议开始时让大家自己默读几分钟，最后再开始讨论。

默读的速度比现场解说的速度更快。在很多情况下，自己花2分钟默读跟听别人做10分钟解说的效果大体相当。所以，这种做法能让会议进程更快进入讨论环节。

有时候，如果把资料解说和回答与会人员的提问两个环节省略掉，会议时间就可以缩减一半。此外，资料制作人的现场解说是无法循环利用的，但打印出来的相关资料可以循环利用，被更多人看见。虽然这会增加纸张和油墨的开支，但相比因此提高的会议效率和省下来的工作时间，还是划算得多。

4. 明确自己的意见

团队开会效率低下的主要特征是"议而不决"。造成这种局面的一个重要原因是：与会人员没有自己的观点，在讨论过程中迟迟做不了决定。这种缺乏主见、优柔寡断的人很好分辨，他们的口头禅包括但不限于"情报还不够充分""还得再研究研究""还不能确定""调查一下再说"。由于太多人没有表达自己的立场和观点，会议主持人无法从中归纳意见，得不出什么有效结论。

麦肯锡公司要求每一位员工都要明确自己的定位。具体而言就是，在参与会议时表明自己的立场和意见，要在不确定的情况下做出自己的决断。即使是什么都还不懂的新入职员工，也要在麦肯锡式会议中尝试进行自我定位。这是公司训练员工决策能力的一个重要手段，既有利于促进团队沟通，提高开会效率，又有助于培养未来的领导人才。

5. 追问决策的逻辑

在每个人都明确自己意见的基础上，麦肯锡式会议要求必须得出结论，否则会议的成果就是零。对于那些最终未能讨论出结果的会议，管理者必须记下没有得出结论的原因。通常而言，无法得出结论的原因有四个。

（1）决策者缺席，比如董事长或部门负责人等有决定权的领导缺席会议。

（2）未能明确决策的逻辑。

（3）相关数据信息等资料不完整，导致与会人员无法做出判断。

（4）会议主持人缺乏领导能力，未能有效掌控会议的进程。

其中第二个原因经常被人们忽略。许多"议而不决"现象表面上是缺乏信息造成的，实际上是不清楚决策的逻辑造成的。假如大家每次开会都认为信息不足，但下次开会有了更多信息后还是感觉"信息不足，无法决断"，就说明与会人员没弄清决策的逻辑。

因此，管理者必须了解决策究竟是根据什么具体标准做出来的，然后再围绕这个具体标准去寻找信息。否则，搜集再多的情报也无济于事。

6. 在多人讨论中导入角色扮演法

有些团队的会议沿用了"一人领导，众人追随"的模式。会议主持人的领导怎么说，大家就怎么听，没有太多独立思考。当领导自己拿不定主意，需要集思广益时，与会人员只能面面相觑，不知所措。于是团队沟通进展受阻，会议效率极其低下。

麦肯锡式会议为了促进与会人员积极参与多人讨论，在会议中会特意设置若干"恶魔的辩护人"式的角色。所谓"恶魔的辩护人"，就是故意提出反对意见和最坏情况的人。也许扮演这个角色的人本身赞同对方的意见，但为了促使大家更周全地考虑问题，就不断地给与会人员挑毛病。

当会议涉及多方合作时，还可以安排员工扮演不同的相关角色（比如客户或者合作单位代表等），站在各方角度提出意见，让其他与会人员能从更多的角度看问题。如此一来，会议讨论结果将变得更加扎实可行。

> **麦肯锡人力资源管理经验**
>
> **伊贺泰代** → 前麦肯锡日本分公司首位专职人力资源部长
>
> 大多数经营者都会对开会时的效率低下有很深的体验。海外企业中甚至流传着一个笑话:"日本人会严格遵守会议开始的时间,却对会议结束的时间毫不在意。更奇怪的是,没有一个人觉得这有什么不对。其实,开会总是迟到的意大利人和开会总是拖沓的日本人,本质上并没有什么区别。"许多人都注意到了开会浪费时间的问题,并且为了解决这个问题而进行了各种各样的尝试,这是一种值得鼓励的行为。但是,企业真正要实现的目标不是"缩短会议时间",而是"提高会议的生产率"。

怎样与你的团队成员共同完成计划

◎ 管理现状调查

您的公司在人力资源管理方面是否存在以下现象？如果有的话，请在（ ）里打"√"。每空1分，总分最高5分，最低0分。得分越高，说明您的公司在人力资源管理上存在的问题越多；反之，则说明您的公司管理水平较高。

（ ）	1. 团队领导人通常不制订团队的工作计划，只是让员工自己掌握工作进度
（ ）	2. 团队领导人交代完每个人的任务后就不管不顾，只在最后验收每个人的成果
（ ）	3. 团队领导人自己带头破坏计划，导致员工们难以按照计划完成工作
（ ）	4. 团队领导人把工作丢给其他人，自己什么都不做
（ ）	5. 团队领导人很少深入一线，只是凭主观臆断来对员工指手画脚
问题诊断	当管理者脱离一线员工时，员工们就会产生不满情绪，对工作计划的执行力大打折扣。与员工共同完成计划，既是一个赢得人心的机会，又能很好地监督每个人的工作进度，确保计划能按时保质量完成

◎ 与团队成员共同完成计划的五个步骤

团队的发展进步离不开全体成员的共同努力。管理者要做好身先士卒的指挥家，跟团队成员一起完成团队的奋斗目标。如今每个员工都充满了工作热情，正是提高生产效率的好机会。为了贯彻这个意图，管理者应该按照以下五个步骤开展工作。

1. 首次评估

根据前面提到的《12种领导力服务评估表》和《团队成员产出成果评估表》来安排每个人在团队中的位置。注意！你在评估他们的表现时，不能只看最近的表现，而应该把此前12个月之内的情况综合起来考虑，根据评估结果来合理分配工作，以实现团队生产效率的最优组合。

2. 制订计划

你不仅要为每个成员制订目标任务规划，还要为其制订个人发展计划。在计划中指明他们需要发扬的长处，需要开发的潜力，以及需要改进的短板。这既是为了增加团队输出成果，又是为员工的成长考虑。关键部分是列出所有需要该员工改进的行为。在做计划时，你需要思考以下问题。

（1）需要改进的行为中的哪一个对其阻碍最大？

（2）哪个行为能最快改变？

（3）哪个行为与其核心责任直接相关？

（4）该员工对改变哪个行为最感兴趣？

（5）你可以在哪个方面给该员工提供最大的帮助？

通过这些问题来筛选出该员工最需要改进的两个或三个行为。如果改进计划的内容过多，反而会增加他们的负担，降低成长速度。此外，你不能只是让每个成员自己按照计划去做，而应该及时投入领导力资本去帮助他们改进，这样才能让他们感受到你的诚意和决心，也更有信心提升自己。

3. 讨论方法

如果只是单方面灌输要求，你的团队成员未必会理解你的苦心，可能内心深处并不真正认同你制订的计划。你需要耐心地跟他们讨论你的方法，告诉他们一些情况。比如，团队发展形势需要他们做什么，他们按照你的方法去做会获得怎样的成果。

你要开诚布公地告诉他们，你想帮助他们获得更大的成功。用事实来证明他们需要改进哪些地方，精确地解释你为什么觉得他们没达到这些目标。此外，你还可以从自己投入的领导力资本与他们产出的成果来阐述，让他们明白自己在团队中处于哪个位置，扮演着什么样的角色，最终真心认可你为他们制订的发展计划。

4. 采取行动

这是整个流程中最困难的步骤。改变行为是一个漫长而艰苦的过程。你要定期鼓励你的每一位团队成员，并且检查他们是否按照计划顺利完成各阶段的目标。

在采取行动的过程中，随时关注反馈信息是一件很重要的事情。作为管理者，你要胸怀全局，脑中装着团队目标和各种计划。及时从反馈信息中察觉执行中存在的问题，及时跟团队成员进行沟通，纠正执行中的偏差，清除阻碍团队前进的因素。通过不断调整来帮助每个团队成员保持较高的工作效率，做出达标的工作成果。

5. 评估和调整

一段时间以后，你需要对团队成员进行新的评估，确认他们是否按照预期的方向前进。对比一下每个人的本次评估结果跟首次评估结果有什么区别，以此判断他们是否有进步。你还要对比一下自己用在每个人身上的领导力资本是否足量，需不需要加大或减少投入。

通过仔细评估，你就能明确接下来是否要调整工作计划，有没有重新安排努力方向的必要。假如员工的表现达到甚至超出你的预期，请及时表扬和嘉奖，并更新该员工的发展计划。假如员工未能让你满意，也要调整该员工的发展计划，把需要提高的地方设置为优先级目标。

只要认真按照上述五个步骤做下去，团队成员将不断成为更加优秀的人才。而管理者的领导力也会随之上升，带领整个团队完成更多的目标,为公司创造更大的价值。

> **麦肯锡人力资源管理经验**
>
> **保罗·弗里嘉** → 前麦肯锡管理咨询顾问、美国北卡罗来纳大学商学院副教授
>
> 虽然开庆祝活动的好处众所周知,但人们常常忘记这样做。充沛的精力会源源不断地带来力量。庆祝往往是关注项目积极成果的好机会,如对顾客的影响、个人目标的实现和共同取得的成果。项目完成后举办此类庆祝活动应该成为一项标准操作程序。麦肯锡在支持这些活动时通常都是很慷慨的,他们举办过无数次此类的庆祝活动,而且远比你所想象的要盛大得多。我记得项目结束后的庆祝活动常常包括豪华轿车接送、高尔夫、参加盛宴、度假、温泉理疗等活动。

后记

从理论上讲，人力资源管理追求的是人才资源的最优化配置。但在实践中，这几乎很难做到。更多时候，管理者并不像招聘广告宣称的那样需要最优秀的人才，而且往往只考核产出成果，而不太关注人才队伍管理的过程。其实，团队的产出效率不只是依赖少数优秀人才的表现，在很大程度上还取决于人力资源管理的整体水平。

麦肯锡的咨询顾问们在服务客户时发现，无论客户所在的公司多么优秀，招聘要求多么苛刻，团队中还是会分出书中提到的八种角色。而不少企业管理者对顶尖员工、老员工、平均水准员工的管理方式相当简单粗暴，没有注意三者的区别。到头来，顶尖员工留不住，老员工心灰意冷，平均水准的员工觉得没有盼头，谁都不满意。团队不作鸟兽散已经谢天谢地了，怎么可能提高工作效率、增加产出成果呢？

只有当企业真正把"员工的成长"当成和"增加利润、扩大规模"同等重要的大事时，才能用好麦肯锡倡导的人力资源管理方法。尽管不可能人人都成为领导，但每个员工都可以按照麦肯锡的方法锻炼出不俗的领导能力，更好地解决自己在工作和生活中遇到的问题。当公司中的每一名员工都能获得成长时，团队凝聚力会更强，组织运营效率会更高，抵御风险的能力会更出色。无论对组织还是个人，这都是一件好事。